Kunst des Frühen Mittelalters

Geschichte der Malerei, Plastik und Architektur

Kunst der Frühen Hochkulturen

Kunst der Griechen

Kunst des Römischen Reiches

Frühchristliche und byzantinische Kunst

Kunst des Frühen Mittelalters

Kunst der Romanik

Kunst der Gotik

Kunst der Renaissance

Kunst des Barock und Rokoko

Kunst des 19. Jahrhunderts

Belser Verlag
STUTTGART
ZÜRICH

Kunst des Frühen Mittelalters

Malerei Plastik Architektur

Belser Verlag
STUTTGART
ZÜRICH

Die Sonderausgabe bietet den Bestand an Text und Bild
des Bandes *Kunst des Frühen Mittelalters* von Hans Holländer, 1968
(Bd. 5 der „Belser Stilgeschichte").

CIP-Titelaufnahme der Deutschen Bibliothek

Geschichte der Malerei, Plastik und Architektur. - Sonderausg.
- Stuttgart; Zürich: Belser.
Frühere Ausg. u. d. T.: Belser-Stilgeschichte
ISBN 3-7630-1870-0

Kunst des frühen Mittelalters. - Sonderausg. - 1991

Kunst des frühen Mittelalters:
Malerei, Plastik, Architektur / [von Hans Holländer]. - Sonderausg.
- Stuttgart; Zürich: Belser, 1991
(Geschichte der Malerei, Plastik und Architektur)
ISBN 3-7630-1875-1
NE: Holländer, Hans

Vertrieb für die Schweiz ausschließlich durch Medea-Fribourg

Gesamtherstellung: Druckerei Uhl, Radolfzell
Printed in Germany
ISBN 3-7630-1875-1

EINLEITUNG

Die Kunst des Frühen Mittelalters ist fremdartig und fern; nichts ist mehr unmittelbar verständlich, auch die beharrlichsten ihrer Konventionen gehören schon seit langem der Vergangenheit an. Wer in dieser vieldeutig vexierenden und in den Konturen unsicheren Gegend den Reiz des Ursprünglichen vermutet, Unverfälschtes, gar Primitives, elementare Ausdruckskraft oder archaische Sicherheit der Form, wird dergleichen nirgends finden. Was als charakteristisch und bedeutend gelten kann, ist bereits von gelehrter Spekulation geprägt. Die Übersichtlichkeit der Bildgestalt scheint das Verständnis zu erleichtern: Was das Verständnis erschwert, ist der von unseren Vorstellungen weit entfernte Gedanke. Aber in diesem Zwischenreich begann europäische Kunst, hier entstanden die Voraussetzungen der für lange Zeit wirksamen und noch in der Neuzeit als retardierende Momente kenntlichen Modelle.

Der Begriff „Frühes Mittelalter" ist nicht viel mehr als ein Sammelname. Er bezeichnet keine Stileinheit, die innerhalb definierbarer Grenzen sich entfaltet. Zwar ist dieser Fall auch sonst selten, aber hier läßt er sich nicht einmal konstruieren. Wann endet die Spätantike, wann beginnt das „Frühe Mittelalter"? Die Frage ist fast sinnlos. Unter „Gotik" oder „Romanik" kann man sich etwas vorstellen. Frühes Mittelalter ist nicht mehr als eine Bezeichnung für einen längeren Zeitraum, der einheitlicher Kennzeichen entbehrt. Wie immer man diesen vielgestaltig unter dem Zugriff der Definitionsversuche sich verändernden Zeitraum bestimmen mag: Die Ränder bleiben unscharf, klar erkennbar sind nur die Zentren: die Zentren der irischen, angelsächsischen, karolingischen, ottonischen Kunst.

Die Konsolidierung des europäischen Staatensystems des Mittelalters war ein langwieriger Prozeß, der im Reich *Karls d. Gr.* seinen ersten Höhepunkt hatte, mit dem Zerfall des Reiches sich fortsetzte und in der zweiten Hälfte des 10. Jh. zu genaueren Konturen der politischen Topographie, zur Entstehung Europas geführt hatte. Das „Frühe Mittelalter" endet mit der *ottonischen Kunst,* denn jetzt erst garantiert der intensivere Austausch von Kenntnissen und Formen auch die Entstehung größerer regionaler Stileinheiten und ihre kontinuierliche Entfaltung. Es liegt nahe und es ist üblich geworden, den Begriff „Kunst des Frühen Mittelalters" so einzugrenzen, daß er mit diesen langwierigen historischen Prozessen vom 6. bis zum beginnenden 11. Jh. annähernd sich deckt. Das hat gute Gründe.

An politischen Zäsuren und Ausgangspunkten getrennter Weiterentwicklung ist das 6. Jh. bekanntlich ungewöhnlich reich. In diesem Jahrhundert ging vieles zu Ende, hier finden sich auch Gründe, weshalb bestimmte, der Antike selbstverständliche Möglichkeiten der Entfaltung menschlichen Bewußtseins für ein halbes Jahrtausend blockiert blieben, während andere, vorantike und christliche Möglichkeiten im gleichen Zeitraum uneingeschränkt dominierten. Zu den wichtigeren Einschnitten gehören zwei Ereignisse des Jahres 529. In diesem Jahr besiegelte *Justinian* das Ende der antiken Wissenschaften mit der Schließung der Akademie von Athen. Ein Dekret, verabscheuungswürdig wie alle seinesgleichen, verhinderte für längere Zeit ihre Weiterbildung im christlichen Bereich; die Gelehrten wanderten aus, nach Persien, in den nichtchristlichen Orient, wo sich – später gefördert von islamischen Herrschern – antike Wissenschaften ungehindert weiterentwickeln konnten. Das entstehende Europa blieb von diesen subtilen Forschungen für längere Zeit ausgeschlossen; hier dominierten vielmehr *bildhafte Weltallegorien* und *spekulative Weltansichten*, Ketten von *Metaphern* und *Analogien*. Für die Künste ist diese Eigenschaft frühmittelalterlicher Gedankensysteme so wichtig wie für die Wissenschaften, denn dergleichen wurde dargestellt, und die Denkformen sind in den Bildern und Bauten sichtbar.

Im selben, derart folgenreichen Jahr 529 setzte *Benedikt von Nursia* mit seiner Klostergründung auf dem *Monte Cassino* den eremitenhaften Erscheinungsformen des Mönchtums ein neues Modell strenger Disziplin und gemeinsamer Arbeit entgegen. Das bedeutete einen radikalen Bruch mit antiken Vorstellungen vom Vorrang kontemplativer Muße. Die beiden gleichzeitigen Ereignisse sind Symptome. Mit ihnen wird rechtskräftig, was zuvor in langen historischen Prozessen angelegt war. Das eine Datum bezeichnet ein Ende, das andere einen Beginn. Denn stärker als imperiale Ansprüche ist die *Benediktinerregel* und ihr neuer Begriff der Arbeit für die Entstehung europäischer Kultur bestimmend gewesen. Bis ins „Hohe Mittelalter" blieben die *Klöster* Zentren der Zivilisation und der Kunstentwicklung sowie mannigfaltiger wissenschaftlicher Tätigkeit, in der nur eines fehlte: die Rationalität voraussetzungslosen Fragens der *Akademie von Athen*, die vorerst bei den *Arabern* besser aufgehoben war. Dieses Element kehrte erst am Ende dieses Zeitraums in Gestalt lateinischer Übersetzungen der scharfsinnigen Überlegungen arabischer Gelehrter, vermehrt und weiterentwickelt, in die europäische Kultur zurück.

Der Zeitraum „Frühes Mittelalter" umgreift also annähernd fünf Jahrhunderte. Das entspricht etwa der Zeitspanne von Homer bis Alexander dem Großen oder von Giotto bis Goya. Doch lassen sich gerade diese an Reichtum der künstlerischen Entwicklungen allem Vergleichbaren überlegenen Zeiten hier am wenigsten zitieren. Der Rhythmus der Geschichte verläuft nicht gleichförmig. Die künstlerischen Leistungen wurden unter anderen, schwierigeren Bedingungen realisiert. Die Kunstentwicklung ist in diesem Zeitraum gebrochener, weniger kontinuierlich, weniger gesichert und die bedeutenden Höhepunkte gesteigerter artistischer Prägnanz sind seltener. Charakteristisch ist eher die beharrliche Rezeption vorhandener Ansätze und die überraschende Kühnheit erfinderischer Verwandlungen, die oft in langen Traditionsfolgen allmählich verebben, bis an anderer Stelle ein neuer Ansatz, nicht selten als produktives Mißverständnis, neue Ausgangspositionen liefert.

Wenn Kontinuität so wenig gesichert ist, dann wird sie überaus wünschenswert. Daher ist in diesem Bereich die Diskontinuität das entscheidende Merkmal zwar, aber zugleich ist eine gesteigerte und befremdliche, manchmal ungeheuerliche Hochachtung vor der Tradition erkennbar, die zu den „unverständlichen" Zügen des Frühen Mittelalters gehört und die dazu beitrug, die neuzeitliche Vorstellung vom „finsteren Mittelalter" zu prägen. Doch folgt sie mit Notwendigkeit aus dem Mangel an sicheren Traditionen und aus dem Fehlen einer hinreichend fundamentierten Zivilisation.

Das Bekenntnis zum Christentum, das missionierend ausgebreitet wurde, war, was immer darunter verstanden wurde, gemeinsam. Die *Klöster*, fränkische, irische und benediktinische Gründungen, bewahrten darüber hinaus Traditionen und Erkenntnisse, Spekulationen und Gewißheiten älterer Vergangenheit; sie sicherten nicht nur ihre eigene Überlieferung: Was sie missionierend verbreiteten, war auch in vielfachen Brechungen antike Tradition, und ihre wichtigste Leistung war zunächst die Bewahrung und Verbreitung der Zivilisation in unsicheren Gegenden. Karl der Große scheint denn auch dies als die Hauptaufgabe der Klöster betrachtet zu haben. Die christliche Lehre war erreichbar nur durch die *Schrift*. Die Schriftsprache war Resultat einer langen reflexionsfördernden Tradition der schriftlichen Mitteilung. Die Schriften der Kirchenväter enthielten in Zitaten und referierenden Wiedergaben, anläßlich von Polemiken und Widerlegungen („Manche meinen..., indessen: ...“), Bruchstücke heidnischer Tradition, spätantiker Philosophie, häretischer Lehren, die dem, der sein Latein beherrschte, auch zugänglich waren. Wer mehr wissen wollte, hatte je nach Brauchbarkeit der Klosterbibliotheken Gelegenheit, Kenntnisse zu erwerben, die längst nicht mehr selbstverständlich waren. Was vorher seit Plato Gemeinplatz war, mußte neu entdeckt werden, wurde als Neuigkeit begrüßt, neu bedacht und in den vorhandenen Kontext eingefügt. Der *Stilbegriff*, sofern die Summe gemeinsamer Strukturen einer Epoche, die kontinuierlich sich entwickeln, damit gemeint ist, erweist sich hier auch in seiner allgemeinsten Formulierung nur in engsten Bereichen und günstigsten Fällen als brauchbar. In der ursprünglichen, nicht auf historische Gesetzmäßigkeiten zielenden Bedeutung kann freilich von Stil sehr gut die Rede sein: als definierbare Art und Weise, wie etwas gemacht wird, als Methode, mit bestimmten Mitteln bestimmte Aufgaben zu lösen und die gewünschte Wirkung zu erzeugen. Stil also im Sinn der Rhetorik, als Modus des Gestaltens, als bewußter Einsatz der künstlerischen Mittel und Formen, zumal vorgeprägter Formulierungen, entsprechend der Aufgabe und gemäß den Kenntnissen und den Möglichkeiten der Erfindung.

Ihre Wege sind hier sehr oft als Kombination vorgeformter Details kenntlich und als Additionen in Bestandteile unterschiedlicher Herkunft zerlegbar. Doch gibt es bedeutende Synthesen, die sich der einfachen Auflösung in vorgeformte Bestandteile entziehen, auch Verwandlungen, Verschmelzungen und unvermittelt Neuartiges. Einheit des Stils aber, kontinuierliche Entfaltung der vorhandenen Möglichkeiten, gibt es nur im Detail, nur im engsten Bereich einer Werkstatt, in der ein bestimmter „Modus“ vorherrschte. Mit diesem älteren und mehr auf überlegte Kombinationen als auf unbewußten Ausdruckszwang zielenden Stilbegriff läßt sich in diesem Bereich arbeiten, er ist frei von „historischer Gesetzmäßigkeit“, ist weit entfernt von morphologischen Modellen, die, auf die Geschichte angewandt, niemals stimmen, und er entspricht den historischen Bedingungen der Phantasie sowie der Erkenntnis genauer.

Denn Form verändert sich nicht nach eigenem Gesetz, sondern unter dem Druck von Bedeutungsvorstellungen, von Kenntnissen, Inhalten, Aufgaben. Dieser formverändernde Zwang, den Zielvorstellungen ausüben, ist im Frühen Mittelalter meßbar. Zumal bei den Hauptwerken ist die bewußte Entscheidung sowie die enge Zusammengehörigkeit von Künsten und Kenntnissen deutlich. Form ist hier auf weite Strecken Formulierung von Gedanken.

Die Gewichtigkeit und Verteilung der einzelnen *Kunstgattungen* ist im Frühen Mittelalter anders als zuvor oder später. So war die *Großplastik* jahrhundertelang nur eine Randerscheinung, oder sie fehlte überhaupt. Natürlich wurde vieles zerstört. Aber das gilt auch für andere Epochen und für alle Kunstbereiche. Es ist vielmehr in dieser Kunstgattung sehr wenig entstanden. Das hatte außerkünstlerische Gründe; keinesfalls „konnte man diese Aufgabe nicht bewältigen". Die Aufgabe wurde vielmehr nur selten gestellt und aus bestimmten Gründen (die noch zu nennen sein werden) vermieden.

Mit der *Reliefskulptur* kleineren Formats – in Elfenbein und verwandten Materialien – steht es merklich besser. Zur Kenntnis der Möglichkeiten von Skulptur und Plastik ist man fast ausschließlich auf sie angewiesen. Später kommen *Bronzen* hinzu, wiederum zumeist Reliefs, also plastische Bilder, nicht aber, oder doch selten und spät an Häufigkeit zunehmend statuarische Bildwerke.

Mosaik und *Fresko*, architekturgebundene Kunstgattungen, gehörten ursprünglich zu den häufigsten und wichtigsten. Den historischen Bedingungen der Architektur entsprechend wurde das meiste zerstört, nur wenige Monumente blieben zufällig erhalten. Einiges wurde durch Übermalung konserviert und ist bei Restaurationen wieder ans Licht gekommen. Dennoch wäre, selbst wenn alle Fresken und Mosaiken dieser Zeit erhalten geblieben wären, die Vorstellung von der Malerei des Frühen Mittelalters nicht nur unvollständig, sondern falsch, wenn man sie allein aus Fresken und Mosaiken zu gewinnen versuchte. Die *Buchmalerei*, deren Aufgabe anders war, ist nicht nur die am besten überlieferte, sondern sie war auch ursprünglich wohl die am reichsten entwickelte Kunstgattung. Weder hat sie früher diesen Rang innegehabt, noch hat sie ihn später behaupten können.

Das *Tafelbild* – später Zentrum der bildnerischen Phantasie – fehlt im Frühen Mittelalter. Mindestens kann es nicht mehr als eine Randerscheinung gewesen sein, obgleich in Miniaturen und Elfenbeinreliefs mannigfach die Kenntnis seiner künstlerischen Möglichkeiten nachweisbar ist.

Fast ausschließlich wurden die bedeutungsvollen Gegenstände in der *Buchmalerei* realisiert. Hier ist am genauesten ablesbar, was die Phantasie der Zeit bewegte, was darstellbar war und mit welchen Mitteln und aus welchen Gründen. Hier zeigt sich auch, zu welchen Kombinationen und Kühnheiten diese Zeit fähig war. Im *Fresko* überwiegt das Typische, die große, der Architektur angemessene, ihr zugemessene Gebärde. Zwar würde dieser Satz auch für weite Bereiche der Buchmalerei gelten, denn ihre „innere Monumentalität", ihre Vergrößerbarkeit wurden rechtens oft hervorgehoben. Auch sichern die *Bildarchitekturen* in entsprechender Weise und mit verwandtem Bedeutungsspielraum den Zusammenhang von Gestalt und architektonischer Form. Indessen sind die Verhältnisse in der Buchmalerei doch anders als im Fresko. Die Buchmalerei ist unvergleichlich reicher an Variationen, oft von spitzfindiger Verwegenheit, wenn sie sich auf Texte bezieht, die sich der einfachen Illustration widersetzen, z. B. auf patristische Kommentare. Natürlich verhält es sich mit den erzählerischen

Bildern, etwa zu Evangelienszenen, anders, meist einfacher. Die bildhafte Formulierung von Texten jedoch, die selbst bereits Allegorien und Systeme aus Metaphern sind, fordert die allegorische Kombination von Bildzeichen, die als Symbole oft mehrdeutig sind. Die *Miniaturen* (das Wort bezieht sich bekanntlich nicht auf das kleine Format) müssen, wenn von frühmittelalterlichen Bildkünsten die Rede ist, im Zentrum stehen. Ort dieser Bilder war das *Buch,* der verehrungswürdige Text. Daher sind frühmittelalterliche Literatur und Buchmalerei nicht voneinander zu trennen. Sie befinden sich am selben Ort mit gleichem Zweck.

Architektur ist in diesem Zeitraum neben der Buchmalerei die gewichtigste der Künste. Doch ist in diesem Bereich am wenigsten in ursprünglicher Gestalt erhalten geblieben. Architektur ist Abbild ihrer Zwecke und der zu ihrer Zeit gültigen Zielvorstellungen. Sie ist „zeitgenössischer", zeitgebundener und daher vergänglicher, denn die symbolischen Formen der Architektur sind nur begrenzt übertragbar. Ändern sich die Bedeutungsrichtungen, die Zwecke und die Zielvorstellungen des Auftraggebers, so wird abgerissen, umgebaut, angepaßt, neu errichtet und vieles zerstört. Künstlerische Vorstellungen sind dabei am wenigsten im Spiel. Was der Form nach altertümlich war, aber den Zwecken noch genügte, wurde immer bewahrt. Daraus resultieren die sonderbaren Stilmischungen mittelalterlicher Bauwerke. Architektur ist Zwecken und Bedeutungen zugeordnet. Überdies erfordert ihre Errichtung einen großen Aufwand an Arbeit und Material. Um so genauer war zu erwägen, was abgerissen und neu errichtet und was im alten Zustand zu lassen war. Dabei waren solide Gründe im Spiel, am wenigsten aber bloßer „Stilwandel". Der „abbildende Charakter" der Baukunst (Bandmann) erweist, daß die scheinbar dauerhafteste Kunst die vergänglichste ist, zwar am wenigsten der Zerstörung durch natürliche Wirkungen ausgesetzt, am stärksten aber den Altes vernichtenden und Neues realisierenden Tendenzen der Geschichte. Daher wissen wir gerade in einem längstvergangenen Zeitraum wie dem Frühen Mittelalter über die wichtigsten Bauwerke oft sehr wenig und längst nicht genug. Die spärlichen Reste sind Glücksfälle. Jeder Codex, der in gelehrten Verstecken die Zeiten überdauern kann, ist haltbarer als ein Bauwerk. Als symbolhaltige, bedeutungsvoll abbildende Kunst aber ist gerade Architektur in diesem Zeitraum die alles umgreifende und wichtigste Kunstgattung, deren Formen mannigfaltig in den Bildkünsten, zumal in der Buchmalerei, mit größter Freiheit der Variation, aber identischem Bedeutungsgehalt wiederkehren.

Das Zeitmaß der Beständigkeit von Architekturgattungen ist nicht gleichmäßig. Eine Burg kann mit einer leichten Veränderung der Kriegstechnik veralten, eine Kirche kann noch den Wechsel von Konfessionen aushalten. Von „profaner" Baukunst des Frühen Mittelalters ist daher sehr wenig bekannt. Auch von der Aachener Kaiserpfalz, dem „Neuen Rom", ist nichts mehr erhalten, dagegen überdauerte die Pfalzkapelle.

IRISCH-ANGELSÄCHSISCHE BUCHMALEREI

Die vorkarolingischen Künste im Zwischenreich der späten *Merowingerzeit* sind Nachwirkungen der *Völkerwanderungskunst*, der *Spätantike*, interessant als Reduktionsprozeß und Voraussetzung einer lange nachwirkenden „Bodenvegetation", die wahrscheinlich für ein genaues Bild der künstlerischen Möglichkeiten dieser Zeit viel charakteristischer ist als die seltenen, herausragenden und raffinierten Leistungen, die allerdings für die zukünftigen Entwicklungen wichtiger sind. Daher sei auf eine Darstellung des Untergrundes und der Voraussetzungen im Westeuropa des 7. Jh. verzichtet. Was überliefert ist, zeigt entweder, daß man sich mit kunstlos-provinziellen Formulierungen begnügte und vorangegangene Kunstformen auf dieses Maß zurechtschnitt, etwa im Kirchenbau, oder aber, daß sich Sonderformen wie die skurrilen Spiele mit Buchstaben und Figuren im *merowingischen Fisch-Vogel-Ornament* (Abb. 1) einiger Codices entwickelten, die allerdings bereits in irischen Klostergründungen entstanden sind, als Variante irischer Kunstformen oder Umbildung und Rückbildung einiger ihrer ornamentalen Gewächse in einfache Figuren.

Spanien ist interessanter, auch in seinen Ausläufern der „Architektur der Völkerwanderungszeit", deren Wirkung freilich begrenzt ist und die sich vom Durchschnitt nicht allzuweit entfernt. Wichtiger für die zukünftige Entwicklung der Künste sind Buchmalereien wie der *Ashburnham-Pentateuch* (Abb. 2, 3), Umsetzungen spätantiker Farbigkeit und figurenreicher Erzählung in ornamentale Strukturen, die am Beginn einer besonderen, später – nach der Eroberung Spaniens durch die Araber – isolierten Entwicklung spanischer Kunst stehen.

Das ist weit entfernt von *Byzanz*, der gesicherten Festung antiker Bildtradition. Das Neue entfaltet sich zunächst am Rande und bildet dort Zentren, und die Produktivität scheint an den äußersten Rändern am stärksten gewesen zu sein. Unvergleichlich und nicht zu überschätzen ist die Bedeutung *Irlands* für die Kunstentwicklung des Frühen Mittelalters. Hier zuerst zeigt sich mit aller Prägnanz die Entstehung neuer, nichtantiker Kunstformen, die sehr bald mit vielfach gestaffelten Antikenrezeptionen in Berührung kommen und mit antiker Kunst die seltsamsten Amalgame bilden. Der Einfluß der *Iren* gründet sich auf ihre Gelehrsamkeit, ihre Klostergründungen und ihre Malerei. Unerheblich sind ihre Leistungen auf dem Gebiet der Architektur. Die *irische Plastik* (Abb. 15) ist als Frühform monumentaler Skulptur interessant, aber die Wirkung war regional begrenzt.

Der Einfluß *irisch-angelsächsischer Malerei* ist kaum zu überschätzen. Seine Spuren auf dem Kontinent sind sogleich sichtbar. Einige irische Kombinationen „zündeten" allerdings erst in ottonischer Zeit. Zur Überlieferung antiker Form trugen die Iren nichts bei. Irland war von antiker Zivilisation unberührt geblieben. *St. Patrick*, der Apostel der Iren, und andere Missionare des 5. Jh. begegneten einer alten, in ihren Strukturen vorantiken Stammeskultur, die sich dann noch lange behauptete. Die erste Berührung der Iren mit römischer Kultur war daher vermittelt durch das Christentum, durch seine Texte, nicht aber durch Bildwerke und Bauten. Klosterartige Gemeinschaften entstanden im 6. Jh. *Columban d. Ä.* (gest. 579) gründete *Bangor, Hi, Kells* und *Durrow*. Gegen Ende des Jahrhunderts griff die irische Mission auf das Festland über. Der *jüngere Columban* reiste um 590 mit zwölf Begleitern in das Frankenreich. Er gründete unter anderem die Klöster *Annegray* und *Luxeuil* in den Vogesen und *Bobbio* in der Lombardei. Einer seiner Begleiter war *St. Gallus*, der Gründer von *St. Gallen*. Die *irischen Klöster* auf dem Kontinent und ihre Filiationen bildeten im 7. Jh. bereits ein dichtes Netz. Zugleich verlagerte sich das Zentrum der produktiven Antriebe nach *England*, und für das 8. Jh. sind *northumbrische Klöster* bestimmender als irische Mutterklöster, deren Einfluß freilich noch lange erhalten blieb. Die Tätigkeit der *irischen Mönche* konzentrierte sich auf Texte und Bücher, auf die Buchmalerei und ihre ornamentalen Strukturen. Das *Book of Durrow* (Abb. 4) ist eines der frühen erhaltenen Werke. Es entstand auf der Hebrideninsel *Jona*, wo der hl. Columban 563 während seiner schottischen Missionsfahrt ein Kloster gegründet hatte.

Die Grundformen des mannigfach variierten, die Buchseiten überspinnenden Ornaments sind aus anderen Zusammenhängen bekannt. Jedes Motiv hat seine längere Vorgeschichte, in den Schmuckformen der Metallkunst zumal, an Spangen, Schnallen, Broschen, Schilden, Schwertgriffen. Die Motive sind alt. In den *Tierornamenten* ist oft die skythische Grundform noch kenntlich, die *Spiralmuster* gehören zu den ältesten – und bedeutungsvollsten – Ornamenten überhaupt, das *Fischblasenornament* hat in keltischer Tradition seine Vorgeschichte; verbreitet war in dieser Zeit bei den Germanen das *Flechtwerk*. Doch hatten sich längst durch die mannigfaltigen Berührungen der *Völkerwanderungszeit* die meisten Motive von ihrem Ursprung gelöst, und die Ausbreitung des Christentums förderte weiterhin die Wanderung von Kunstformen. So sind auch koptische Motive in irisch-northumbrischen Manuskripten nachweisbar. Dies alles gerät nun, teils aus irischen Voraussetzungen, teils aus der angelsächsischen Kunst, auch durch Vermittlung der reisenden Mönche und der mitgebrachten Manuskripte, in die Buchmalerei, wo die einzelnen Formen mit äußerster Subtilität weitergebildet werden. Man muß umfassende Kenntnisse der möglichen ornamentalen Formen voraussetzen. Charakteristisch ist daher die Auswahl: unendliche Verschlingungen, unendliche Additionen, Multiplikationen und Divisionen – der unendliche Rapport läßt sich ja sowohl durch Multiplikation wie durch Division herstellen –, Peripherien ohne Zentrum, Zentren ohne Peripherie, Wirbelndes, Kreiselndes, in ornamentalen Räumen Schwebendes, aber niemals Festes, Begrenztes, Gebautes, Architektonisches, sondern immer dessen Gegenteil. Die „klassischen" Motive, die geometrischen und vegetabilischen, etwa der Akanthus und der Mäander, fehlen im wesentlichen. Wenn in diesen Enzyklopädien ornamentaler Formen gerade sie nicht vorkommen, so zeigt das den Umfang und die Grenze der künstlerischen Möglichkeiten.

Diese ornamentale Phantasie entfaltet sich in drei Bereichen: in den *Zierseiten*, wo das Arsenal fast teppichartig ausgebreitet wird (Abb. 4, 5), meist mit einem Kreuz in der Mitte als Hinweis auf die Bedeutung des Buches und zugleich als Ornament. Andere Seiten sind reine *Ornamentblätter*, gefüllt mit Tierornamentik, Flechtwerk, Kreisen und darin kreiselnden Spiralen. Diese Blätter versammeln, vom Book of

1 TEXTANFANG. Sakramentarium Gelasianum. Frankreich, Mitte 8. Jh. Vatikan, Apostolische Bibliothek Reg. Lat. 316, Fol. 132. Das Blatt vereinigt Bild (Kreuz mit Lamm Gottes im mittleren Medaillon), Initial, Text und ornamentale Begleitmotive. Merowingische Buchkunst ist mit wenigen Ausnahmen bildlos. An die Stelle des Bildes (Majestas, Evangelistenbild) tritt hier das Kreuz, das mit den notwendigen Hinweisen ausgestattet ist. Charakteristisch ist das mannigfaltig variierte Fisch-Vogel-Ornament. Seine Herkunft ist noch umstritten.

2 SINTFLUT. Ashburnham Pentateuch. Nordafrika oder Spanien. 7. Jh. Paris, Bibliothèque Nationale Nouv. Acq. Lat. 2334, Fol. 9. 37×32 cm.
Die 19 Bildseiten dieses Codex sind ein spärlicher Rest einer spätantiken Bildtradition des südwestlichen Mittelmeerraums. Die Lokalisierung ist umstritten. Das Werk bildet eine der Voraussetzungen spanischer Buchmalerei. Das Sintflutbild zeigt die Arche Noah, umgeben von den Leichen der ertrunkenen Tiere und Menschen.

3 JAKOB UND ESAU. Ashburnham Pentateuch. Fol. 25. (Vgl. Abb. 2.) Die architektonische Bildgliederung, in der Reste perspektivischer Darstellung noch erkennbar sind, dient der Ordnung der Szenenfolge. Dabei sind die wichtigsten frühmittelalterlichen Formen abbildlicher und „rahmenhafter" Bildarchitektur versammelt. Der Codex kann mit seinen Reduktionen antiker Form (Landschaft, Architektur, Perspektive, Gestaltbildung) sowie mit seinen Neuerungen (Streifengrund) für diejenigen verlorenen Werke einstehen, die später Voraussetzung der Erneuerung der Bild-Erzählung in der Buchmalerei wurden.

4 ORNAMENTSEITE. Book of Durrow. Jona. 7. Jh. Dublin, Trinity College Library Fol. III a. 23,2×14,4 cm. Ornamenttypen: Spiralornament, Flechtwerk, Trompetenornament. Der Rahmenfries, eine Reduktion spätantiker Rahmenbildungen, umgibt ein „Bild", dessen ornamentale Struktur zwar „gegenstandslos" erscheint, doch können die Kreise als Variationen der kosmologischen Grundformen des Mittelalters verstanden werden.

5 ORNAMENTSEITE. Book of Lindisfarne. Lindisfarne. Um 700. London, British Museum Cotton MS. D IV Fol. 26 b. Mannigfaltig verschlungene und verknotete Spiralbildungen, subtile Verfeinerung der einfachen Grundformen. Die Bildfläche erscheint ziseliert. Das Kreuz ist durch stärkere Konturen herausgehoben, deren Grundform den irischen Steinkreuzen entspricht. Im Innern breitet sich wie dort, einigen Zentren zugeordnet, das Flechtwerk weiter aus (vgl. Abb. 15).

6 LÖWE, Symbol des Markus. Evangeliar aus Echternach. Irland (?). Um 690. Paris, Bibliothèque Nationale. Lat 9389, Fol. 75 v. 25,7 × 19,3 cm. An die Stelle des Evangelisten, dem das kosmologisch motivierte Wesen, zugeordnet ist, tritt in diesem Kunstbereich bisweilen das Evangelistensymbol allein, nun nicht als Träger und Übermittler der Inspiration und Erscheinungsform des Logos, sondern als identisch mit dem Evangelisten.

7 INITIALE CHI. St. Gallen, Stiftsbibliothek Cod. 51, Pag. 7. Das Blatt enthält die ersten Worte des 18. Verses des Matthäus-Evangeliums. „Christi autem generatio." Die voranstehende Genealogie in 1–17 gilt mehr als Vorspiel, dem als eigentlicher Anfang Vers 18 folgt. Er wird daher durch ein Initial ausgezeichnet, das als Christus-Signatur in diesem Kunstbereich besondere Bedeutung erlangt. Die Entwicklungsreihe geht konsequent (wie Werckmeister nachgewiesen hat) von einfacher Betonung des Chi bis zu seiner rahmensprengenden Vergrößerung in St. Gallen 51 und der dadurch möglichen Integration kosmologischer Zeichen im Book of Kells.

8 ADLER, Evangelistensymbol des Johannes. Evangeliarfragment. Wahrscheinlich Northumbrien. 1. Hälfte 8. Jh. Cambridge, Corpus Christi College MS. 197, Fol. 11. Statt der labyrinthischen Bildgeometrie (Abb. 6) umgeben hier Kreuze den kosmischen Dämon. Ihre Anordnung entspricht dem Bedeutungsgehalt der Bildecken und Bildseiten, die wahrscheinlich auch hier auf Weltgegenden und Himmelsrichtungen verweisen. Derart zeigen die Kreuze, gemäß den patristischen Texten, daß das Evangelium in alle Weltrichtungen und in alle Weltgegenden zu verbreiten sei. Die senkrechten Kreuze zeigen die Himmelsrichtungen, die diagonalen die Weltgegenden. 1 ▷

INCIP
LIBER
SECUN
DUS
ORACIO
ET PRAE
DE NATALICIIS SCORUM, DE NUN
TIACIONATALICII UNIUS MARTYRIS

6 △ 7 ▷

SIC ERAT

imago aquilae

Durrow bis zum Book of Kells, alle vorkommenden Ornamentmotive. Sodann die *Initialen* (Abb. 7). Sie bilden seitenfüllende Variationen über die Form des Buchstabens, mit dem der Text sich ankündigt. Das Ornament folgt seiner Form, variiert sie, füllt die Zwischenräume, minutiös sich teilend und verzweigend. Der Buchstabe wird gemäß der Bedeutung der Texte zum Gegenstand prächtiger Inszenierungen der ornamentalen Phantasie. Drittens bemächtigt sich das Ornament der *Rahmenarchitekturen* und der *Figur*. Hier gerät fast Unvereinbares aneinander. Architektonische Formen, wie Rahmenarkaden, werden, ungeachtet ihrer Bedeutung als wirklicher Bau, umgewandelt in Gliederungen der Bildfläche. So können im *Book of Kells* aus tragenden Säulen herabhängende Bänder werden (Abb. 9).

Mit den Figuren gerät man in ein Zwischenreich aus Ornament und Gestalt. Glieder und Falten verwandeln sich in Kokons aus linearen oder bandartigen Geflechten (Abb. 17, 20). Aus den hochabstrahierten Wicklungen ragen streng frontal, auf wenige Konturen reduziert, die Gesichter heraus mit großen bannenden Blicken, die unverwandt den Betrachter fixieren. In die lange (von Zimmermann verzeichnete) Reihe gehört der *St. Galler Codex 51,* ein wahrscheinlich irisches Werk des 7. Jh. (Abb. 17).

In anderen Fällen bleiben die Konturen von Haltung und Gebärde, die Spuren des spätantiken Vorbilds auch in der linearen Verwandlung erhalten. Der *Matthäus* des *Lindisfarne-Evangeliars* (Abb. 19) zeigt bei beträchtlicher Nähe zum Vorbild, das in diesem Fall bekannt ist, die Richtung der Veränderung. Die northumbrische Kopie des *Esra* aus dem Codex grandior des Cassiodor, die sich im *Codex Amiatinus* in Florenz befindet (Abb. 18), bewahrt den spätantiken Illusionismus des Vorbilds genau. Bei der Verwendung der Kopie im Lindisfarne-Evangeliar verschwindet dies zuerst. Die raumschaffenden Elemente des Bildes, auch einige „perspektivische" Konturen, werden ignoriert, die Gestalt wird auf den Typus von Haltung und Gebärde reduziert, die Konturen gewinnen Härte und Prägnanz, wirken wie gekerbt und geschnitten. Die Kombination des Matthäus mit seinem Engel, die der Nimbus vermittelt, ist eine schlechthin nichtantike Prägung, sie verweist auf die Identität der Gestalten. Umstritten ist der „Neugierige", der hinter dem Vorhang hervorspäht.

Es ist übrigens, so naheliegend die Annahme erscheint, nicht zwingend, daß der Esra des Codex Amiatinus einziges Vorbild des Lindisfarne-Evangeliars war, denn nur der Typus der Gestalt wird reproduziert, sonst nichts. Den Typus aber gibt es in zahlreichen Varianten auch sonst. Verwandt ist auch der *Markus* des *Codex Rossanensis* (Abb. 12). In der byzantinischen Kunst ist dieser Typus des im Profil sitzenden Schreibenden und Inspirierten, der antike Traditionen fortsetzt, lange Zeit konstant geblieben, und dort kommt als Begleiter dieses nachdenklichen Schreibers vereinzelt auch der „Neugierige" vor (Abb. 11).

Von dem Codex St. Gallen 51 (Abb. 17) aus führt eine gerade Linie über einige Zwischenglieder zu den Figuren des Book of Kells, den stärksten Prägungen irisch-northumbrischer Gestaltbildung (Abb. 20). Auch sie sind ornamentalisiert, doch ist dieser Begriff zu präzisieren. Er bedeutet nicht, daß irgendeine der typischen Ornamentformen sich
◁8 der Gestalt bemächtigt, so daß schließlich die Gestalt dem Ornament anheimfällt,

sondern vielmehr die Reduktion der Gestalt auf eine ornamentale Struktur, die sich in der Fläche entwickelt und mindestens einem der ornamentalen Gesetze folgt, nämlich der Symmetrie. Sie dient einer Steigerung der Wirkung, die in den großen bannenden Blicken sich konzentriert.

Es gibt in karolingischer Kunst wenig Vergleichbares. Wohl aber führt von hier aus eine rekonstruierbare Linie in die sog. *Reichenauer Malerei.* Dort, zwei Jahrhunderte später, begegnen unter veränderten historischen Bedingungen einige Eigenschaften irisch-northumbrischer Malerei erneut mit vergleichbarer Prägnanz: der große bannende Blick streng frontaler Gestalten (dessen „Entwicklung" freilich bereits in spätantiker Kunst beginnt) sowie gewisse, zunächst absurd erscheinende Formulierungen, die aus der Kombination der Bildzeichen folgen. So hat etwa die Kombination des Lindisfarne-Evangeliars, die Folge „Matthäus-Nimbus-Engel (in Halbfigur)" Fortsetzungen im Aachener Otto-Evangeliar und im Evangeliar Ottos III. Derartige Kombinationen, bei denen sprunghaft der Realitätsgrad wechselt, zeigen, daß die Zeichen weniger als „Formen", die komponiert wurden, zu betrachten sind, sondern vielmehr als Träger von Bedeutungen, mit denen gerechnet wurde. Ähnlichkeiten des Stils der Kombination verweisen hier auf eine besondere Tradition. Die Vermittlung besorgte wahrscheinlich unter anderem die Bibliothek der alten irischen Gründung *St. Gallen,* mit ihrer Sammlung von „Präzedenzfällen", die für die ottonischen Künstler wieder interessant wurden.

Wie ist diese Kunst zu verstehen? Die Zahl der Gegenstände, an denen sie sich entfaltete, war begrenzt, ihr Formenreichtum aber hat wenig seinesgleichen. Der unmittelbare Zugang ist vergittert und versperrt. Sie ist weder primitiv noch archaisch und auch nicht einfach dekorativ. (Darauf hat rechtens und mit Nachdruck gegen frühere Einschätzungen sich wendend Werckmeister hingewiesen.) Vielmehr handelt es sich um eine Kunst von äußerster Prägnanz und Subtilität, die sich nicht nur auf die Herstellung raffinierter ornamentaler Strukturen verstand. Die präzisen Abstraktionen der Gestaltbildung in den ganzseitigen *Evangelistensymbolen* erweisen vielmehr einen hohen Grad von Rationalität in der Reduktion von Gestalten zu Zeichen, und die figuralen Bilder des *Book of Kells* bedürfen kaum des Hinweises, daß sie zu den stärksten Realisationen frühmittelalterlicher Gestaltvorstellung gehören, wobei hervorzuheben ist, daß nicht in erster Linie die „organisch" durchgebildete Gestalt darzustellen war, sondern ihre Bedeutung. Im Book of Kells ist das ohne weiteres deutlich, im Lindisfarne-Evangeliar ebenfalls, aber in der Gesamtheit möglicher Varianten wird das Geflecht der Motivierungen widersprüchlich und schillernd.

Was verbindet die Ornamentik, deren Ursprünge heidnisch sind, mit den Texten, zu denen sie gehört? Zweifellos entsprach dieser Einsatz artistischer Präzision der Bedeutung heiliger Bücher, sie wurden als selten und kostbar und verehrungswürdig betrachtet und daher in prächtiger Inszenierung ornamentaler Formen kunstvoll ausgestattet. Indessen ist diese Ausstattung nicht im neuzeitlichen Sinne als „Dekoration" zu verstehen, auf die man auch verzichten könnte. Das Ornament selbst hat Bedeutungen.

Möglich, daß ursprüngliche und zeitgenössische magische Vorstellungen eine Rolle spielten. Das Flechtwerk und Knotenornament galt lange, wahrscheinlich noch im romanischen Kirchenbau, als dämonenbannendes Motiv. Die reichverzierten Vordersteven, Pfosten und Planken von *Wikingerschiffen* (Abb. 16), deren ornamentale Struktur den irisch-angelsächsischen Flechtwerkmustern verwandt ist, richteten sich gegen Meeresdämonen und feindliche Kräfte. Apotropäische Bedeutung können auch die flechtwerkübersponnenen *irischen Steinkreuze* (Abb. 15) gehabt haben, seien es nun Grabkreuze oder Grenzsteine gewesen. In beiden Fällen wäre dies hinreichend motiviert. Der Glaube an die dämonenbannende Macht symbolischer Formen kann hier schon deswegen im Spiel sein, weil er noch zeitgenössisch war. Doch ist zweifelhaft, ob dergleichen Vorstellungen auch für die Manuskripte gelten, obgleich die Kreuzseiten – etwa des Lindisfarne-Evangeliars – die äußeren Umrisse der geläufigen Kreuztypen reproduzieren, nur mit dem Unterschied, daß in den Steinkreuzen das Kreuz den Rahmen für das Ornament liefert, in den Buchseiten aber das Kreuz dem Ornamentteppich einbeschrieben ist (vgl. Abb. 5 u. 15). Wenn die Entsprechung stimmte, wären die Initialen quasi als Vordersteven der Texte zu betrachten. An formalen Verwandtschaften ist schließlich kein Mangel. Doch stehen derartigen Schlüssen auf verwandte Bedeutung gewichtige Bedenken gegenüber: Erstens müßten die Quellen das bestätigen. Das aber ist keineswegs der Fall. Alle Nachrichten über apotropäische Bedeutungen sind für das Frühe Mittelalter unzureichend im christlichen Bereich, so zahlreich sie für heidnische Gegenden zur Verfügung stehen. Das hindert nicht die Möglichkeit, daß in christianisierten Gegenden diese Vorstellungen geläufig waren.
Allerdings waren alle hier verwendeten Ornamentformen bereits zu konventionellen Motiven geworden und vielseitig verwendbar. Sodann entstanden die Bücher in Klöstern, die nicht nur Mittelpunkte christlicher Mission waren, sondern vor allem auch Zentren einer Gelehrsamkeit, die bei aller Absonderlichkeit von primitiven magischen Vorstellungen sehr weit entfernt war. Man könnte meinen, die Maler seien eben anders eingestellt gewesen, etwas naiver, heidnischer und weniger gelehrt, aber gerade das war mit Sicherheit nicht der Fall: Auftraggeber, Maler und Schreiber konnten identisch sein. So gilt (freilich nach einer späteren Notiz) als Maler des *Lindisfarne-Evangeliars Eadfrit*, der Abt des Klosters, ein gelehrter Mann. Einige seiner Schriften sind überliefert.
Das *Book of Durrow* (Abb. 4) steht den Anfängen näher, über die wenig Genaues bekannt ist, aber es zeigt bereits dieselben Prinzipien der Variation ornamentaler Motive wie die späteren Werke. Auch stehen seine Figuren am Beginn einer Entwicklung, die mit dem Book of Kells (Abb. 20) kulminiert.
Die *Ornamente* sind bereits gelehrte Chiffren. Überhaupt ist ja dieser ganze Kunstbereich mit dem Stichwort „ornamental" nur unzureichend klassifiziert, wenn man an begleitende, dekorative, halbwegs überflüssige Funktionen denkt, an das Umrankende, Verschönernde, das interessante Nebenher. Das spielt auch hier eine Rolle, aber nur am Rande. Vielmehr ist hier wie auch sonst Ornament die historisch sich verändernde Grundfigur der Verwandlung der Realität zum Bild, Denkmodell, Elementar-

9 KANONTAFEL. Book of Kells. Kells. Um 800. Dublin, Trinity College Library Fol. 5a. 32,2×24,2 cm. Kanontafeln haben die Aufgabe, die einander entsprechenden Stellen der Evangelien in Tabellen nebeneinander zu ordnen und damit zugleich die Einheit der vier Evangelien anschaulich zu bekräftigen. Das leistet die Bildarchitektur, deren Säulen den alles überwölbenden Bogen tragen, der die kosmologisch begründete Einheit der vier Evangelien repräsentiert. In den Interkolumnien sind die Konkordanzen verzeichnet. In diesem Fall werden aus Säulen ornamentale Gebilde, die eher herabhängenden Bändern gleichen. Gemäß der Zweckbestimmung der Kanontafeln und der Tendenz anglo-irischer Malerei geraten dabei in den Bögen die Evangelistensymbole in dichte ornamentale Verschlingung.

10 LUKAS. Sog. Gregors-Evangeliar. Fragment. Rom. Ende 6. Jh. Cambridge, Corpus Christi College MS. 286, Fol. 129 v. 20×15,5 cm. Gehörte wahrscheinlich zu der Bibliothek, die der hl. Augustinus 596 nach Canterbury mitbrachte. Kompilation aus römischen Kunstformen, setzt eine längere Traditionskette römischer Buchmalerei voraus, die bis auf Spuren (Kalender von 354 n. Chr.) verlorengegangen ist: Portalarchitektur, Szenen im Intercolumnium (Mithrasreliefs, Triumphbögen). Gestalt des Evangelisten der Tradition römischer Dichterporträts zugehörig (vgl. Abb. 13).

11 JOHANNES CLIMACUS. Vatikan, Apostolische Bibliothek Vat. Cod. graec. 394, Fol. 6 v. Das Bild zeigt, daß der rätselhafte „Neugierige" des Lindisfarne-Evangeliars (Abb. 19) in byzantinischer Kunst vorkommt (es gibt mehrere Fälle, zumal in späterer Zeit). Im übrigen ist der Typus des Schreibenden dem Esra Amiatinus (Abb. 18) wie dem Matthäus von Lindisfarne verwandt.

12 MARKUS. Codex Rossanensis. 2. Hälfte 6. Jh. Rossano, Museo del Arcivescovado Fol. 121 a. 30,7 × 26 cm. (Vgl. Bd. IV, Abb. 82.) Das früheste bekannte Bild der Inspiration des Evangelisten. Die Profilstellung des Inspirierten entspricht hellenistischer Tradition. Die Tatsache, daß er schreibt, ist christliche Neuerung, die Erscheinung der Sophia (=Göttliche Weisheit = Heiliger Geist = auch Maria) setzt antike Bildtraditionen der erscheinenden Muse (bzw. Athena) fort. Der Typus des Schreibenden wurde mannigfaltig verwendet und abgewandelt. (Vgl. Abb. 11, 18, 19.)

13 VERGIL. Detail eines römischen Mosaiks, das den Dichter mit den Musen Kalliope und Melpomene darstellt. 3. Jh. n. Chr. Sousse (Tunesien). Repräsentatives römisches Porträt des Dichters, der frontal in nachdenklicher Haltung thront. Zu seinen Attributen gehört die Schriftrolle. Der Typus war einer der Ausgangspunkte des Evangelistenbildes. (Vgl. Abb. 10 und 14.)

14 MATTHÄUS. Codex Aureus von Canterbury. Canterbury. 2. Hälfte 8. Jh. Stockholm, Kungliga Bibliotheket A 135, Fol. 9 v. 39,2 × 31 cm. Gehört der italischen Richtung angelsächsischer Buchmalerei an. Zur Gestalt des thronenden Evangelisten vgl. Abb. 10 und 13. Der römische Typus ist noch deutlich erkennbar, aber vereinfacht und von gesteigerter Frontalität. Auch die Bildarchitektur entspricht dem üblichen Schema. Diese elementare Grundform des Evangelistenbildes wird erst in der karolingischen Buchmalerei zumal durch Ausbildung bedeutungsvoller Hintergrundsarchitekturen weiterentwickelt.

15 KREUZSTEIN VON AHENNY (Grafschaft Tipperary). 8. Jh. Höhe: 3,35 m. Grundform und Ornamentik wie in den Kreuzseiten der Evangeliare. Ornament und (vielleicht) Bedeutung haben Entsprechungen in den Kunstformen der heidnischen Germanen (vgl. Abb. 16).

16 DRACHENPFOSTEN VOM OSEBERGSCHIFF. 1. Hälfte 9. Jh. Oslo, Wiking Muset. Dem Zweck dieser geschnitzten Gebilde, der Abwehr von Meeresdämonen, dient das „bannende" Flechtwerk, das hier, wie in den späteren Stabkirchen, zu hoher plastischer Subtilität gesteigert ist (sog. Greiftierstil).

9 ▷

◁ 10 △ 11 ▽ 13 △ 12 ▽ 14

◁
15

▷
16

form und Verzierung zugleich. Daher ist die Auswahl der möglichen Varianten bereits charakteristisch, wenn, wie man vermuten darf, alle Modelle geläufig waren.
Über die Interessen der irischen Mönche der Zeit vor dem Book of Durrow ist bekannt, daß sie vielseitig und literarisch waren, und daß sie sich in hohem Maß auf antike Literatur erstreckten. Frühe Zeugnisse ihrer eigenen nichtantiken Latinität scheinen die *Hiberna Famina* gewesen zu sein, Gedichtzyklen des 5. oder 6. Jh., wohlgeordnet nach Rhythmus und Klang, Alliterationen und Wortspielen, die verschlungene Muster bilden, aber als unverständlich gelten, mindestens verschlüsselt sind. Im 7. Jh. wandte sich der Angelsachse *Aldhelm von Malmesbury* (639–709) gegen die heidnischen Studien der Iren, die, um Ernst Robert Curtius zu zitieren, eine „abstruse Latinität mit artistischer Selbstgefälligkeit pflegten", deren „manirierten und oft unverständlichen Jargon" auch Aldhelm gelegentlich angewandt hatte. Assunto spricht von einer Ästhetik des Labyrinthischen und Verworrenen und bezieht die Hiberna Famina unmittelbar auf die Ornamentseiten späterer Manuskripte, was nicht abwegig ist, denn wie die „abstruse Latinität" der frühen Gedichte mit ihrer durchaus ornamentalen Silbenfolge und dem schwerverständlichen Inhalt folgt auch das scheinbar unverständliche Ornament bestimmten Regeln, und es scheinen die gleichen gewesen zu sein. Sie sind nicht verworren, eher kompliziert, aber wenn die Einzelheiten unbekannt sind, dann erscheint das Ganze unverständlich. Da sich viele Motive hier treffen, ist Eindeutigkeit nicht zu erwarten. Zu bedenken ist jedoch, daß diese Kunst in nächster Nachbarschaft und inniger Beziehung zu irisch-angelsächsischer Latinität, die bis zur Personalunion von Schreiber und Gelehrtem gehen kann, sich entwickelt hat. Diese nordische Latinität war völlig frei von antiken Normen, dabei raffiniert und erfinderisch und reich an Kenntnissen. Irisch-northumbrische Gelehrsamkeit, kulminierend im Werk des *Beda Venerabilis* (672–735), hatte schließlich unmittelbare Fortsetzung in der karolingischen Zivilisation.
V. H. Elbern und O. K. Werckmeister haben den Nachweis geführt, daß „monastische Spiritualität" in den Figurationen der Manuskripte ihre Entsprechung hat, insofern Weltgeometrien und heilsgeschichtliche Modelle dort in Zahlensymbolik und in den Rahmenschemata der Bilder deutliche und rekonstruierbare Spuren hinterlassen haben. In diesen Kreisen und Gevierten, Rhomben und Zwickeln werden vorgriechische, altorientalische Weltmodelle und hellenistische Variationen sichtbar, gemäß den Visionen des *Ezechiel*, der *Johannesapokalypse* und den Kommentaren der *Kirchenväter* seit *Irenäus*.
Der ornamentale Bestand wird den geometrischen Gliederungen eingefügt. Seine Eigenschaften bleiben dabei erhalten, auch eine Mehrdeutigkeit, die aus seiner Herkunft folgt. Es bleibt eine merkliche Distanz der Ornamentformen zu den geometrischen Bildgliederungen, die sämtlich ihre Entsprechungen in Weltmodellen und Zahlenspekulationen haben (Werckmeister). Auch die hochabstrahierten Figuren lassen sich diesem Kontext noch zuordnen. Die ornamentalen Elementarformen (Flechtwerk, Spirale usw.) bleiben allerdings davon kaum berührt. Daher ihre Mehrdeutigkeit. Einigkeit ist in dieser Sache schwer zu erzielen. Wer auf magischer Bedeutung besteht, wird heidnische Äqui-

valente in hinreichender Menge zitieren und ihr Nachleben im christlichen Bereich beweisen können. Zwar wird man kaum eine Stelle in den Texten finden, die sich unmittelbar auf die apotropäische (= unheilabwehrende) Bedeutung bestimmter Kunstformen bezieht, wohl aber gehörte die Lehre von den *Dämonen* zu den elementaren Bestandteilen der zahlreichen enzyklopädischen Werke über die Beschaffenheit der Welt. Auf sie beziehen sich aber die Weltgeometrien. Was sie umspannen, kann also durchaus als Hinweis auf ihre mikrokosmische Struktur verstanden werden, die labyrinthisch ist. Das würde im übrigen die Nähe auch der Ornamentformen zu einer Latinität der ausschweifenden Kombinatorik und der enzyklopädischen Ordnung bisweilen abstruser *Weltmodelle* erweisen. Allegorische Weltgeometrie, labyrinthische Kombinatorik und heidnisch-dämonologischer Bedeutungshorizont waren in unterschiedlichen Mischungsverhältnissen beteiligt. Im Bewußtsein der gelehrten Malermönche bildeten sie wahrscheinlich eine Einheit. Das bestätigen die Texte.

17 Markus. Irland. 8. Jh. St. Gallen, Stiftsbibliothek Cod. 51, Pag. 78. In den vier Bildecken (= Weltecken) die Symbole der vier Evangelisten. Der Evangelist selbst ohne Symbolfigur. Daß Markus gemeint ist, folgt aus der Stellung im Text. Das Gesamtschema entspricht einer Majestas Domini. Die hochabstrahierte Faltenbildung zeigt noch ihre Herkunft von spätantiken Mustern. Ungleich subtiler sind die Ornamentmotive durchgebildet: Knotenornament (oben und unten), Spiralornament (in den seitlichen Rhomben) und Tierornament (in den Zwickeln der Seitenfelder).

18 Esra. Codex Amiatinus. Jarrow-Wearmouth. Anfang 8. Jh. Florenz, Biblioteca Laurenziana Amiatinus I, Fol. 5 a. Northumbrische Kopie nach dem Codex grandior des Cassiodor. Interessant die genaue Reproduktion spätantiker illusionistischer Elemente (Schatten und Schlagschatten). Der schreibende Esra ist wahrscheinlich Vorbild des Matthäus im Lindisfarne-Evangeliar gewesen (Abb. 19), doch war dieser Schreibertypus geläufig. (Vgl. Abb. 11, 12.)

19 Matthäus. Book of Lindisfarne. Lindisfarne. Ende 7. Jh. London, British Museum Cotton MS. D IV, Fol 25 v. Charakteristisch die Reduktion des Vorbildes auf flächige Farbigkeit und lineare Struktur. Gegen eine direkte Abhängigkeit vom Esrabild (Abb. 18) sprechen Hinzufügungen wie die Schnüre der Fußbekleidung, vor allem aber der Kontext, denn die Kombination von Schreiber und „Neugierigem hinter dem Vorhang" ist in byzantinischer Tradition geläufig (Abb. 11). Der „Neugierige" stammt aus einem anderen Werk, das dem Esrabild sonst sehr verwandt gewesen sein muß. Zu den Neuprägungen gehört die Vereinigung des Evangelisten mit seinem Symbol durch den vermittelnden Nimbus. Gemeint ist die Identität beider Gestalten, des „unten" Schreibenden und des „oben" Erscheinenden. Die Posaune meint den an die Welt sich richtenden Ruf des Evangeliums.

20 Gefangennahme Christi. Book of Kells. Irland oder Northumbrien. Ende 8. Jh. Dublin, Trinity College Library MS. 58 (A I 6), Fol. 114a. Bildgröße: 26,3 × 19,9 cm. Dieser Codex kann neben dem Lindisfarne-Evangeliar als bedeutendstes Werk irisch-northumbrischer Buchmalerei gelten; er ist reicher ausgestattet als alle anderen und an subtiler Beherrschung der Form allem Vorangegangenen überlegen. Ein Hauptwerk nahe dem Ende der Entwicklung und gleichzeitig bereits mit den ersten karolingischen Ansätzen. Man vergleiche etwa St. Gallen 51 (Abb. 17). Gliederung und Gestaltbildung sind verwandt, aber die Differenz zwischen Gewandfalten und Ornament ist verschwunden. Die Faltenbildung sowie Haltung und Gebärde ist „wahrscheinlicher" und zugleich sind die Falten stärker ornamentalisiert (Spiralmotive).

17 ▷

imago homi nis :—
O AGIOS
MATT
HEUS

Et ymno dicto
exierunt
in montem oliueti:

Jedenfalls hört von dieser Zeit an die selbstverständliche Zugehörigkeit zur antiken Welt endgültig auf. Hier beginnt bei genauer Kenntnis des Vorangegangenen etwas Neues. Die Rätselbilder der Iren und Angelsachsen sind Vorzeichen des Mittelalters. Das ist bereits, um den waghalsigen Ausdruck zu gebrauchen, ornamentale Scholastik, frei und spitzfindig innerhalb ihrer Grenzen. Für die kontinentale Kunstentwicklung ist die „Latinität“ der Iren und Angelsachsen, ihre Kenntnis der Tradition, ihre Gelehrsamkeit wichtiger zunächst als ihre Raffinessen der ornamentalen Erfindung. *Beda Venerabilis,* seine Schüler und ihre literarischen Kenntnisse repräsentieren das Wissen ihrer Zeit. Sie lieferten umfangreiche *Enzyklopädien,* auch waren sie Historiker, und ihre Weltentwürfe enthielten kosmologische Gedanken und Modelle und Bruchstücke einer weltumfassenden Philosophie, in der vieles nicht vorhanden war. Gleichwohl sind diese spekulativen *Weltmodelle* für die bildhaften Formen des europäischen frühen Mittelalters verbindlich gewesen. Das Weltmodell des Beda Venerabilis, der *Baldachin* mit dem Erdgeviert und den vier *Weltsäulen* sowie der *Kuppel* darüber, war altorientalisch wie vieles andere auch, aber die Sache war bildhaft und architektonisch und damit der Kunst förderlich als *Weltallegorie*, denn sonst war auch in diesem Bereich das *ptolemäische Weltmodell* mit der Erde als Kugel im Zentrum bekannt. Die Fortsetzung dieser gelehrten und literarischen Beschäftigung, die im 5. Jh. in Irland begann, in der Patristik und in den Überlegungen spanischer Autoren wie *Isidor von Sevilla* ihre Entsprechung hat, bildet die karolingische Versammlung aller zugänglichen Gedanken und Künste.
Im übrigen wurde in England auch die karolingische Antikenrezeption vorbereitet. In Northumbrien ist intensive Sammeltätigkeit des Benedict Biscop, Abt von Jarrow und Wearmouth, bezeugt. Er hat wahrscheinlich das Vorbild des Esra (Codex Amiatinus) nach England gebracht. Den Beginn einer neuen Phase der Auseinandersetzung bezeichnet die Reise des Benediktiners Augustin nach Canterbury, der im Auftrag Gregors des Großen dort als Missionsbischof tätig war. Er nahm, wie berichtet wird, eine Anzahl wertvoller Manuskripte mit. Zu einem der Codices gehörte wahrscheinlich das heute in Cambridge befindliche *Fragment eines Evangeliars* (Abb. 10). Es ist wie jedes dieser frühen Manuskripte von großem Interesse, denn jedes Fragment kann der Rest einer ursprünglich reichen Bibliothek sein. Das Gregorsfragment ist charakteristisch für einige der Ausgangspunkte frühmittelalterlicher Buchmalerei. Sein Lukasbild verweist in jedem Detail der Figuren und der Bildgliederung auf Traditionen *römischer Buchmalerei,* und der Evangelist selbst wiederholt einen seit hellenistischer Kunst geläufigen Typus des *antiken Dichterbildes,* das zu dieser Zeit bereits ein Anachronismus war. Bilder aus addierten Details dieser Art gelangten in die Klosterbibliotheken des Nordens. Sie gehörten zum Formenarsenal. Einem verwandten Vorbild folgt das in Canterbury entstandene *Evangeliar* (Abb. 14), das sich in Stockholm befindet. Auch hier ist beim Evangelistenbild der Typus des Dichters noch bestimmend. Mit Werken dieser Art bereitete in England sich vor, was in der karolingischen Buchmalerei unvergleichlich selbständiger weitergetrieben wurde.

20

KAROLINGISCHE KUNST

Karolingische Kultur ist kein Resultat einer kontinuierlich voranschreitenden Entwicklung. Sicher sind einige ihrer Tendenzen bereits zuvor in Baukunst und Buchmalerei erkennbar, und der gelehrte Kontext war längst geschaffen. Dennoch kommt die rasche Steigerung überraschend, und die Summe von Entscheidungen unter Karl d. Gr. sprengte den Umkreis der vorhandenen Möglichkeiten. Die Entwicklung, vorher ohne einheitliches Zentrum, wird sprunghaft, gezielt und in raschem Zugriff beschleunigt. Die Größe dieses ersten kühnen, ja waghalsigen Versuchs der Begründung einer einheitlichen Zivilisation nördlich der Alpen bestand vor allem darin, daß er unter ungünstigsten Bedingungen und gegen alle Wahrscheinlichkeit unternommen worden ist, vergleichbar dem Versuch, einen Bau zu den höchsten Turmspitzen voranzutreiben, während noch auf unsicherem Grund am Fundament gearbeitet wird. Das unvollendete Gebäude zeigte auch bald Risse und zerfiel rasch, aber die Trümmer waren gewichtig. Sie bildeten das neue Fundament europäischer Kulturentwicklung.

Karl d. Gr. hat sich, wie es scheint, nicht von vornherein für Künste und Wissenschaften interessiert. Später hat er ihre Bedeutung erkannt und sie dann wie kein anderer gefördert. Zweckgerichtete Gründe waren zwingend, später kam anderes, auch Neigung hinzu. Sein Reich war ein disparates Gebilde, es umfaßte alte römische Provinzen und neueroberte Gebiete, und der Einfluß erstreckte sich über fast das gesamte westliche Europa. Die Kulturhöhe war sehr unterschiedlich. Es fehlte der Zusammenhang, die innere Struktur, die das römische Imperium zusammengehalten hatte. Karl herrschte über ein Volk von Analphabeten, über Barbaren, die sich in Heeresformationen bewährten, sonst aber hoffnungslos rückständig waren gegenüber den Nachbarkulturen wie dem *Islam* oder *Byzanz*. Die *karolingischen Reformen* richteten sich daher auf alle Gebiete von der Verwaltung und der Gesetzgebung bis zu Maßen und Gewichten. Voraussetzung der Reformen war die Möglichkeit der Kommunikation, die Schrift und die Kenntnis der lateinischen Sprache. Diese Voraussetzung war erst zu schaffen, daher blieb vieles als Fragment im schriftkundigen höfischen Umkreis stecken. Zu den bis heute nachwirkenden Leistungen gehört die *Schriftreform,* die Einführung der *karolingischen Minuskel.* Sie ist einfach und leicht erlernbar. Sie ist kunstvoll, aber weniger ornamentalisiert als die irische und als Instrument der Mitteilung geeigneter. Sie enthält die Grundform neuzeitlicher Schrifttypen.

Der Sicherung des inneren Zusammenhalts diente das alte Netz von *Klöstern,* die Karl d. Gr. offenbar nach ihrer zivilisatorischen Leistungsfähigkeit einschätzte und entsprechend förderte. Ein Zentrum existierte für längere Zeit nicht. Der Hof wechselte seinen Aufenthaltsort entsprechend den Reisen und Feldzügen Karls. Zunehmende Kenntnis der Voraussetzungen der Stabilität des römischen Imperiums, auch das Beispiel Byzanz erwiesen, daß eine Metropole unerläßlich war. Die Wahl fiel auf *Aachen* (um 786). Dies alles hatte ganz zweckgerichtete Gründe: Herstellung der Einheit des Reiches durch verbindliche Normen, Förderung der Mittel der Kommunikation und Wahl eines Zentrums.

Karolingischem Selbstverständnis entspricht der Begriff *Renovatio Romanorum Imperii.* Aachen wurde als *Neues Rom* gefeiert, nicht weil es eine auch nur annähernd vergleichbare Größenordnung hatte, sondern weil es Zentrum der *Renovatio* war und in der Aachener Pfalz die Symbole imperialen Ranges, von den Bauformen bis zur importierten kapitolinischen Wölfin und dem Reiterdenkmal Theoderichs, versammelt waren. Aachen war ein Symbol, das „Rom bedeutete". Symbole sind in diesem Bereich Realitäten. Noch die kleinste Kuppel eines Zentralbaus bedeutet als Abbild der Himmelssphäre das Ganze des Kosmos.

Aachen wurde auch geistiges Zentrum des Reichs und seiner Künste. Im Jahr 781 berief Karl d. Gr. den northumbrischen Gelehrten *Alkuin von York,* den er in Pavia kennengelernt hatte, an seinen Hof. Wie seine angelsächsischen Lehrer und irischen Vorbilder war er gemäß den Bedingungen seiner Zeit und Umgebung ein universal gebildeter und scharfsinniger Mann. Man hat ihn den geistigen Herrscher des damaligen Europa genannt, gewiß zu Recht, denn Karl d. Gr. förderte mit allen Mitteln die Tätigkeiten, zu denen er Alkuin berufen hatte. Ihm folgten andere, Iren, Angelsachsen und Westgoten wie *Theodulf von Orléans. Dungal,* Mönch von St. Denis, ein Ire, beantwortete astronomische Anfragen Karls mit Zitaten aus den Schriften des Isidor von Sevilla; als Geograph galt *Ducuil,* wenngleich seine Geographie so märchenhaft war wie die Astronomie seines Landsmannes Dungal. Die karolingische, mannigfaltig bezeugte Neugier nach der Beschaffenheit der Welt stand in merkwürdigem Mißverhältnis zu den halbmythisch abstrusen Kombinationen, mit denen ihre Fragen beantwortet wurden.

Dabei ist in allen Tätigkeiten und Zielen eine Rationalität erkennbar, die sich besonders in der symbolischen Kombinatorik, in der Technik der präzisen Allegorie zeigt. Alkuin war nur einer unter mehreren, und er war zu Beginn wohl bestimmend. Zwar hatte die Mathematik schlechte Zeiten, den Fähigkeiten der Araber war nichts in diesem Bereich gewachsen, aber Alkuin war wie Karl bestrebt, den Unterricht auf den sieben *Artes liberales* zu gründen, und er verfaßte ein Lehrbuch zur Übung des Scharfsinns, das eine Reihe von Denkaufgaben enthält, die noch heute gebräuchlich sind. Das ist charakteristisch für die vorhandene Tendenz.

Den genauesten Ausdruck der an Texten orientierten Kombination bildhafter Zeichen liefert die Buchmalerei; die imperialen Symbole enthält die Architektur.

Renovatio ist dies alles, aber der Begriff, obwohl zeitgenössisch, trifft nicht ganz, denn er meint das anfängliche Ziel und nicht das Resultat. Von *karolingischer Renaissance* ist oft die Rede. Der Begriff ist umstritten. Schließlich meinen beide Begriffe dasselbe, und keiner von beiden ist geeignet, das neuartige und über die Ziele hinausreichende Resultat zu definieren. Auch die italienische Renaissance war keine Wiedergeburt und nicht einfach Erneuerung. Die Vergegenwärtigung vorbildlicher Formen der Vergangenheit führte zu ihrer gründlichen Verwandlung. Das gilt auch hier. Von Kopie, von Klassizismus wurde oft gesprochen. Das klassische Formenarsenal wurde versammelt, aber am Vorbild entzündete sich eine bildnerische Phantasie neuartigen Zuschnitts.

KAROLINGISCHE ARCHITEKTUR

Die spärliche Überlieferung der Baudenkmäler verhindert eine genaue Sonderung der überkommenen Muster von den programmatischen Rückgriffen und den neuen, auf karolingische Zwecke zugeschnittenen Erfindungen. Immerhin läßt sich das Material nach diesen drei Kriterien ordnen, ungeachtet einiger Kompliziertheit im Detail der Zweckbestimmungen und Architekturallegorien.

Wie in den anderen Künsten fand in der Völkerwanderungszeit und in der merowingischen Epoche zunächst eine Reduktion der hochentwickelten Kunstformen auf einfachere Modelle statt. In der spätrömisch-frühchristlichen Baukunst war die dreischiffige Basilika die gebräuchliche Form der Gemeindekirche. In der Völkerwanderungszeit und im merowingischen Reich wurde die einfachere *Saalkirche* bevorzugt. Die Formen variieren dabei im einzelnen: Es gibt den Saal mit abgeschnürtem viereckigem Altarhaus (Escomb/Durham, um 700; Höxter, Kilianskirche, um 800), Saalbauten mit rundem Chorabschluß, Saalbauten mit niederen seitlichen Annexen (Mailand, Como, Sursee, Silchester), den Zwei- oder Dreiapsidensaal (St. Maria in Disentis, St. Peter in Müstair, Chur). Es fällt auf, daß der Saalbau in dem abgelegeneren Graubünden auch zur Zeit Karls d. Gr. noch beibehalten wurde. Eine Sonderform war der kreuzförmige Bau mit erhöhter Mittelzelle (Mettlach, Neustadt a. M.).

Der erste, für Karl programmatische Bau ist die *Pfalzkapelle in Aachen* (Abb. 22, 28). Baubeginn um 790, Fertigstellung gegen 800, Weihe 805 durch Leo III. Die Zeitgenossen verglichen diese Kapelle mit dem Tempel Salomos, wie sie Karl selbst einen

21 Klosterplan von St. Gallen. St. Gallen, Stiftsbibliothek MS. 1092. 77×112 cm. Pergament. Der Originalplan ist im frühen 9. Jh. entstanden. Die erhaltene Kopie ließ vermutlich der Reichenauer Abt Heito (803–823) an Abt Gozbert von St. Gallen (816–836) schicken als Orientierungshilfe beim Neubau seines Klosters, der 830 begann. Der Plan ist die früheste bekannte Bauzeichnung des Mittelalters. Eine bestimmte Maßeinheit, der als Modul die Kirchenschiffbreite zugrunde liegt, legt die Abmessungen der Gebäude fest (Breite = 40 Fuß = 40 mal 32,16 cm = 12,86 m). Genaue Angaben über die Verwendung der einzelnen Gebäude sowie teilweise über ihre Baumaterialien werden gemacht, die wiederum auf die rational und großzügig kalkulierte Organisation eines solchen Gemeinwesens schließen lassen. – Zentrum ist die Kirche. Über einer Hallenkrypta erhebt sich eine dreischiffige Basilika mit östlichem Querhaus, vermutlich quadratischer Vierung, einem quadratischen Vorchor und einem halbrunden Ostchor sowie einem Westchor. Es scheint, als sei hier bereits der „quadratische Schematismus“ des späteren Mittelalters vorweggenommen: Die Maße der Vierung, die noch nicht sicher als „ausgeschieden“ angenommen werden kann, werden viermal auf das Langhaus übertragen, wobei je zwei Stützenpaare ein Joch, einen Raumabschnitt bilden. Die Seitenschiffe haben die halbe Breite des Mittelschiffs, die Querschiffe die gleiche Grundfläche wie die Vierung. Im Westen sollte die Kirche zwei Türme haben. Unmittelbar an die Kirche schließen die Gebäude für die Mönche an, Kreuzgang, Dormitorien, Refektorium, Vorratskammern, Küche usw. Um diesen inneren Kern legen sich Abtshaus, Häuser für Gäste und Gesinde (diese wohl Holzbauten) sowie Ställe, Scheunen, Werkstätten, Krankenhäuser, Schulen, Gärten und Friedhof. 21

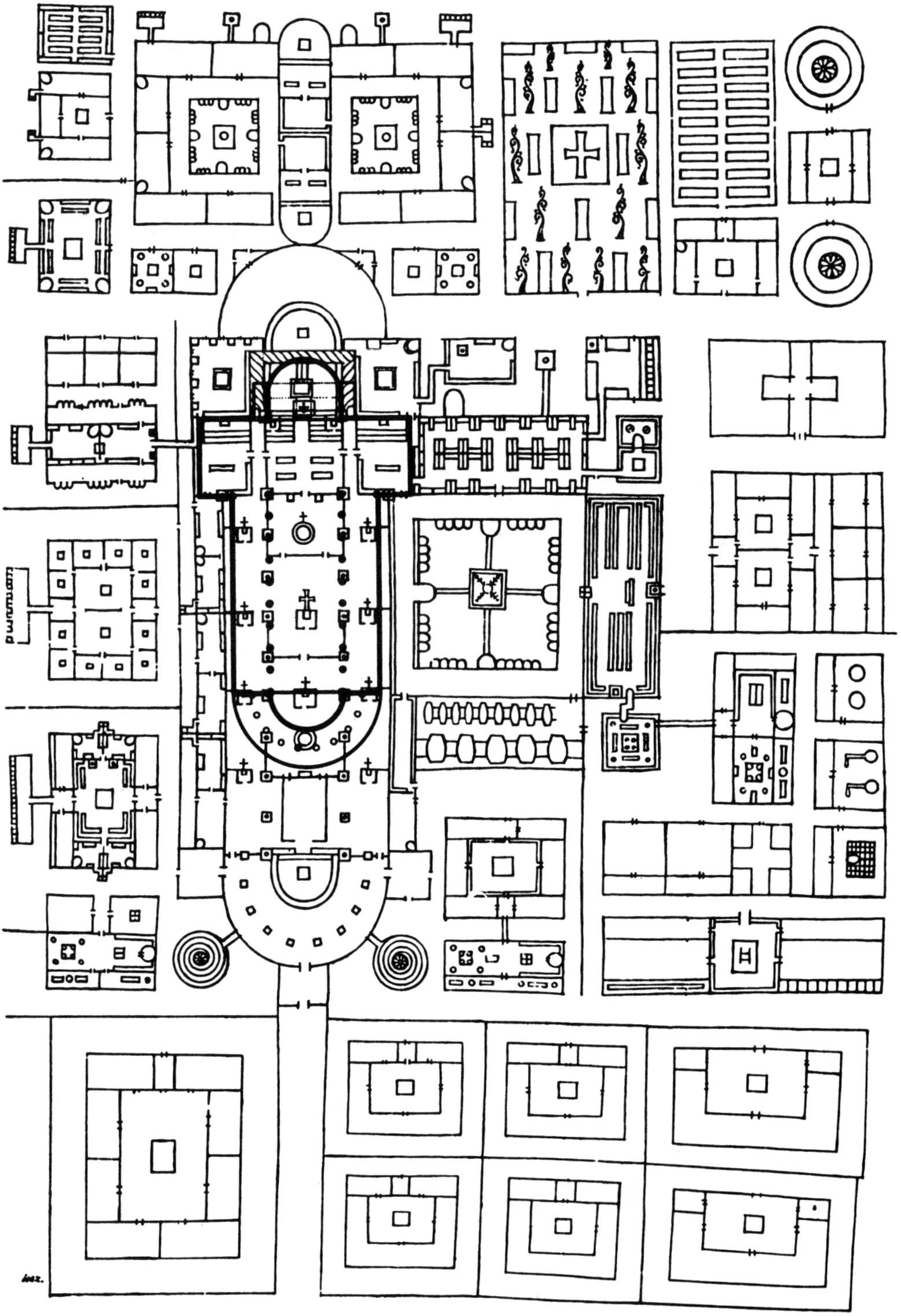

neuen Salomo oder David nannten. Die Baugestalt, ein oktogonaler, überkuppelter Zentralraum mit doppelgeschossigem Umgang und dreitürmigem Westbau, war ungewöhnlich, denn der *Zentralbau* war im Westen weniger geläufig. Bekannt ist dieser Typus bei Taufkirchen (St. Gereon in Köln, 4. Jh.), Marienheiligtümern (La Daurade in Toulouse, spätes 5. Jh.), Martyrien, Grabkirchen, Reliquien- und Hofkirchen. Einige dieser Bestimmungen enthält auch die Aachener Pfalzkapelle: Sie war Hofkirche, sollte Schatzhaus der Staatsreliquien sein, enthielt ein Marienpatrozinium, konnte als spätere Grabkirche für Karl d. Gr. bestimmt sein. Doch reicht dies zu einer Deutung der Pfalzkapelle nicht aus. Indem sie mehrere Zwecke in sich vereinigte, sollte sie den Herrschaftsanspruch des neuen Reiches repräsentieren. Symbolischen Ausdruck fand dies in der *Kuppel* über dem Hauptraum. Der überkuppelte Zentralraum war Zeichen der Welt, der in ihm Thronende der Herrscher der Welt. Dies repräsentierte ursprünglich das Kuppelmosaik, gleichviel ob Christus oder die apokalyptische Szene der Anbetung des Lammes dort dargestellt war (die Frage ist umstritten). Jedenfalls bildete der in der „Kaiserloge" des Westbaus thronende Herrscher die irdische Entsprechung zum Zentrum des Kuppelmosaiks, zum Kosmokrator oder zu seinem Zeichen, dem apokalyptischen Lamm.

Im Langobardenreich hat Karl Hofkirchen kennengelernt, von denen wir wissen, daß sie dem Salvator geweiht waren. In *Pavia* befand sich außerdem eine zentralgestaltige Marienkirche. Auch die *Sophienkirche in Benevent*, die eine Nachbildung der *Hagia Sophia* sein sollte, gehört in diesen Zusammenhang einer ganzen Reihe von *Palastkirchen*, die ihre Zentralgestalt von byzantinischen Vorbildern herleiten. (Konstantins Oktogon in Antiochia, S. Lorenzo in Mailand, die Georgsrotunde in Thessaloniki, Sergios- und Bacchoskirche in Konstantinopel, vgl. Bd. IV, Abb. 72 u. 76, S. Vitale in Ravenna, vgl. Bd. IV, Abb. 79.)

Eine Neuschöpfung der karolingischen Architektur stellt der *Westbau* dar. Er ist als Stadtarchitektur, als „Eingang zum Himmlischen Jerusalem" gedeutet worden. Andere Zentralbauten aus karlischer Zeit: *Germigny-des-Prés* (Abb. 29) ist ein Zentralbau auf quadratischem Grundriß mit Konchen an jeder Seite. Die Chorkonche ist von Nebenkonchen begleitet. Über dem Mittelraum erhebt sich eine Kuppel, darüber ein Turm. Die Anlage ist eher von Spanien beeinflußt als von Aachen. Die *Marienkapelle in Centula-St. Riquier* (Abb. 26/27) zeigt eine deutliche Anlehnung an Aachen. Um einen sechseckigen Hauptraum legt sich ein zwölfeckiger Umgang. Die turmartige Gestalt des Außenbaus verweist auf die Mariensymbolik. Die ehemalige Friedhofskapelle *St. Michael in Fulda* (Abb. 30/31) weist wesentliche Teile aus der Karolingerzeit auf: die Krypta und der sich darüber erhebende Rundbau. Der zweigeschossige Umbau stammt aus dem 11. Jh.

Für die Entwicklung des mittelalterlichen Kirchenbaus war besonders der Rückgriff auf die basilikale Form spätrömischer Kirchen, vor allem auf die konstantinische *Peterskirche in Rom* (Bd. IV, Abb. 3–5), wichtig. Alle ihre Elemente: dreischiffige Säulenbasilika, durchlaufendes Querhaus („römisches Querhaus") und unmittelbar anschließende Apsis finden sich in der unter Pippin 754 begonnenen und unter Karl d. Gr.

vollendeten Kirche *St. Denis* (Abb. 23). Nachfolger hatte diese Form in *Fulda* (791–819; Abb. 25) und *Seligenstadt* (832–840). Der Typus hielt sich nicht über das Jahr 1000 hinaus, fand aber gerade bei den Großbauten in ottonischer Zeit oft Verwendung. Indes war in St. Denis nicht nur die Hinwendung zum römischen Typus der Gemeindekirche wichtig, sondern auch die bewußte „imitatio", die in der Grablege des eigenen Heiligen (St. Dionys) eine Nachahmung des Petrusgrabes sah. Dies geschah in der Form einer Ringkrypta wie in St. Peter. *Ringkrypten*, die als halbkreisförmiger Ring innen oder außen entlang der Apsismauer geführt sind und im Scheitel des Halbkreises einen Stollen als Zugang zum Heiligengrab besitzen, setzten sich im 8. Jh. in Italien, dann nördlich der Alpen durch (Beispiele: St. Emmeram in Regensburg, Seligenstadt). Spätere Entwicklungen waren die *Gangstollenkrypta*, bei der ein geradliniger, durch Treppen vom Schiff aus zugänglicher Hauptstollen rechtwinklig zur Kirchenachse verläuft, von dem aus Zugänge zur Confessio abzweigen (Beispiele: erweitert um Nebenstollen in der *Einhardsbasilika in Steinbach*, Abb. 32; St. Médard in Soissons), und die *Hallenkrypta*, eine mehrschiffige Anlage mit größeren Abmessungen (Sta. Maria in Cosmedin, Rom; St. Germain in Auxerre; Fulda, Abb. 25).
Schon im 4. Jh. finden sich im Mittelmeergebiet *Doppelchorkirchen*. Sie verbreiten sich in karolingischer Zeit und sind besonders für die ottonische Bauentwicklung wichtig. Nachgewiesen sind Anlagen mit Ost- oder Westchor und einem kultisch-liturgisch genutzten Westchor in *St. Maurice d'Augune* (um 787), in *Fulda* (791–819) und in der Domkirche *St. Jean in Besançon* (Bau II bis 814) und im karolingischen Bau des *Kölner Doms* (Ende 8. Jh. bis etwa 864). Außerdem findet sich im *St. Galler Klosterplan* (Abb. 21) eine doppelchörige Anlage. Dort ist der Wunsch nach größerer Ordnung, größerer Einheit, die eine Vielzahl umschließt, deutlich. Mit der *Doppelchörigkeit* sollten gleichberechtigte Patrozinien unter einem Dach gleichrangig vereinigt sein, statt wie bisher auf verschiedene Gebäude verteilt zu werden. (*Centula*, Abb. 26/27, mit der Marienkapelle und weiteren Kirchen und Kapellen verweist auf eine solche „Kirchenfamilie".)
Zwei zukunftsweisende Neuerungen zeigt die von Angilbert 790–799 errichtete *St. Richariuskirche in Centula* (Abb. 26/27). Wie die westliche Dreiturmgruppe in Aachen stellt der Westbau in Centula, der in seiner komplizierten Anlage eine Umformung der Aachener Pfalzkapelle sein könnte, den Ausgangspunkt für die turmreichen Westbauten des ganzen Mittelalters dar. Die architektonische Form dieses „*Westwerks*" konnte kein Zentralraum mehr sein, er mußte mit der Hauptkirche verbunden sein und hatte deshalb quadratischen Grundriß. Außerdem wurde das Ganze um ein Stockwerk angehoben wegen des axialen Zugangs zur Hauptkirche. Dieser Westteil war eine Salvatorkirche, was die Nähe zu Aachen wiederum beweist und auch die These erhärtet, daß Kirchen im Westwerk eine Art Hofkirche des umherziehenden Kaisers waren. Außerdem befanden sich auch in späterer Zeit Westwerke vor allem an Kirchen, die eine enge Beziehung zum Hof hatten.
Aus spätkarolingischer Zeit ist das *Westwerk der Abteikirche von Corvey* (nach 873, Abb. 34–36) von besonderer Bedeutung, weil es in wesentlichen Teilen noch erhalten ist. Der Mittelteil liegt hier über einer kryptenartig gewölbten Vorhalle, über dem Quadrum

des Mittelteils befand sich ein Turm, der sich mit den Ecktürmen zu einer Dreiturmanlage verband. Das zweigeschossige Quadrum ist von Gängen umgeben, in der Westempore befand sich sicher der Platz für den Thron. Darauf verweisen auch die zwischen 889 und 1150 abgehaltenen zwanzig kaiserlichen Hoftage.

Außer in Centula und Corvey befanden sich *Westwerke* in *Reims* (Bau II, 817–862), *Maastricht, Lorsch, Hildesheim* (Dom) und *Werden*. Die *Lorscher Torhalle* (Abb. 33), über deren Bedeutung nach wie vor keine Einigkeit besteht, gehört vermutlich in den gleichen Bedeutungsbereich wie das Westwerk. Ihre Gestalt ist so sehr die einer antiken *Triumphpforte*, daß sie sicher auf den „triumphalen Adventus" (Lehmann) des Herrschers verweist und damit auch in einem unmittelbaren Bezug zur Pfalzkapelle gerät. Selbst wenn das Obergeschoß nicht weltlichen, sondern als Michaelskapelle geistlichen Zwecken gedient hätte, wäre auch dies ein Verweis auf den Herrscher.

Neben dem Westwerk war auch die kreuzförmige Ostlösung von *Centula* (Abb. 26) mit dem Mittelturm über der Vierung für die künftige Bauentwicklung richtungweisend. Zentralgestaltige Bauten, vielleicht schon aus der Merowingerzeit, können hier eingewirkt haben. Auch der *St. Galler Klosterplan* (Abb. 21) zeigt eine solche Ostlösung. Dies deutet darauf hin, daß der Planentwerfer in Verbindung zum Hof stand, denn der kreuzförmige Ostteil ist nur bei Bauten nachzuweisen, die in seinem Umkreis entstanden. In spätkarolingischer Zeit verschwindet dieser Typus und erscheint erst in ottonischer Zeit wieder. An seine Stelle tritt häufig das Zellenquerhaus, niedere seitliche Kapellen im Osten, die sich als eigene Räume vom Langhaus absondern (Mainz, St. Alban; Einhardsbasilika in Steinbach, Abb. 24, 32; Kornelimünster).

Vom *St. Galler Klosterplan* (Abb. 21) war schon im Zusammenhang mit der Doppelchörigkeit und der kreuzförmigen Ostlösung die Rede. Erhalten ist von diesem Idealplan einer Klosteranlage eine Kopie von 830, die vermutlich auf ein Original aus der Zeit Karls d. Gr. zurückgeht. Der Plan ist ein Modell für benediktinische Klostergründungen, ein Idealplan eines nach karolingischer Vorstellung vollkommenen Klosters. Die Angaben über die Kirchen sind so genau wie die Hinweise, die sich auf das kulturelle Leben eines Klosters, seine zivilisatorische Funktion beziehen.

22 AACHEN, PFALZKAPELLE. Grundriß. (Vgl. Abb. 28.)

23 ST. DENIS. Grundriß. Um 754 unter Pippin begonnen, 775 im Beisein Karls d. Gr. geweiht. Vorbild war Alt-St. Peter in Rom. (Vgl. Bd. IV, Abb. 3–5.) Dreischiffige Basilika mit römischem Querhaus und Ostapsis. Im Westen zwei Türme (Vorform des Westwerks?).

24 STEINBACH, EINHARDSBASILIKA. Grundriß. (Vgl. Abb. 32.)

25 FULDA, DOM. Grundriß. 791–819 von Ratgar „more romano" errichtet: vermutlich als Säulenbasilika mit riesigem westlichem römischem Querhaus und Westapsis (erster Westchor in Deutschland) sowie halbrunder Ostapsis. Unter den Chören befanden sich dreischiffige Hallenkrypten. (Der heutige Bau stammt aus dem 18. Jh.)

26/27 CENTULA, ST. RICHARIUSKIRCHE. Grundriß (Abb. 26) und Aufriß (Abb. 27). Zwischen 790 und 799 von Abt Angilbert errichtet. Aus der Kopie des 17. Jh. nach einer Zeichnung des 11. Jh. ergibt sich eine dreischiffige Anlage mit östlichem Querhaus und Vierungsturm sowie

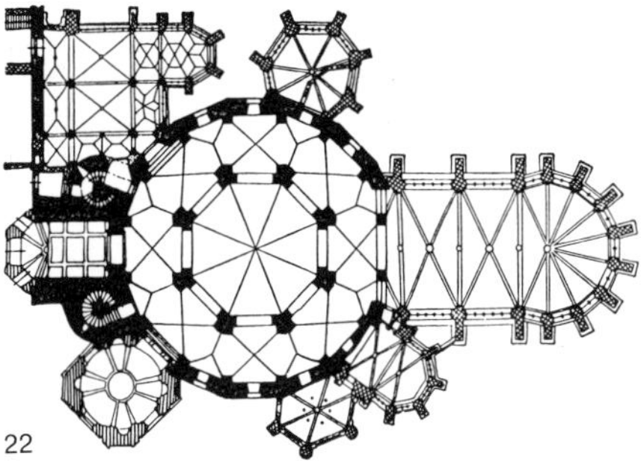

22

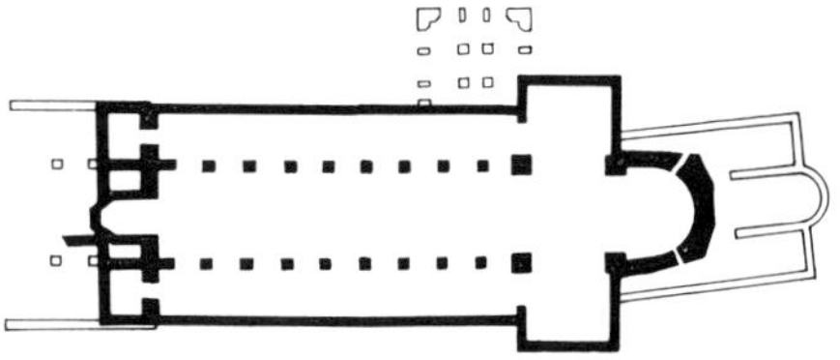

23

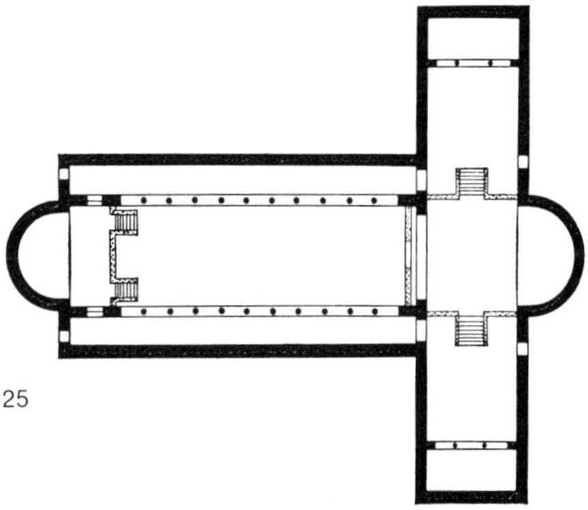

25

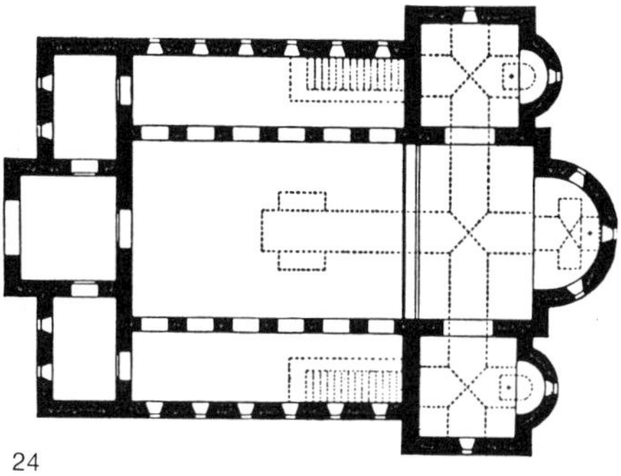

24

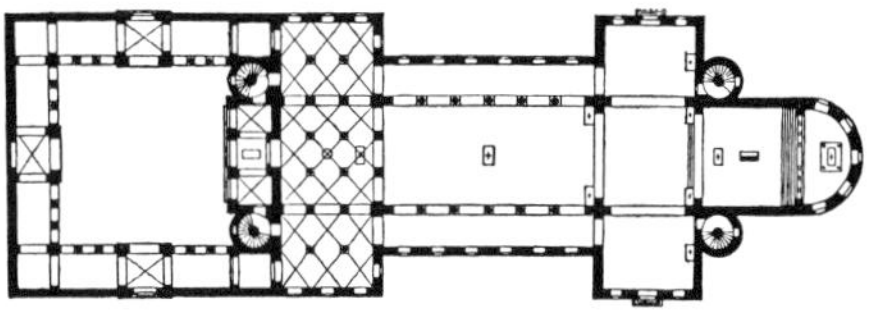

26

27

einer langgestreckten Ostapsis zwischen zwei Chortürmen. Im Westen befand sich ein dreitürmiges Westwerk, das in der äußeren Erscheinung der Ostgruppe angeglichen war.

Westwerke haben im Innern eine Durchgangshalle im Erdgeschoß, darüber einen Zentralraum mit doppelgeschossigem Umgang und einem eigenen geosteten Altar. Kaiseremporen weisen auf Beziehungen zum Herrscher hin.

28 AACHEN, PFALZKAPELLE. Von der Pfalz Karls d. Gr., die durch Ausgrabungen teilweise erschlossen wurde, hat sich nur die Kapelle erhalten (vgl. Abb. 22). Baubeginn der von Odo von Metz entworfenen Kirche um 790, Fertigstellung gegen 800, Weihe 805 durch Papst Leo III. Die Kirche war dem Salvator und der Maria geweiht. Es handelt sich um einen Zentralbau, wobei ein von einer achtteiligen Faltkuppel überwölbter oktogonaler Mittelraum von einem zweigeschossigen sechzehneckigen Umgang umgeben ist. Der karolingische, leicht trapezförmige Chorraum wurde später (1355–1414) durch einen gotischen Bau ersetzt. Aufriß des Mittelraums: Acht im Winkel geknickte Pfeiler umgeben den Mittelraum, dazwischen rundbogige Öffnungen zum Umgang. Über einem Gesims erhebt sich das Emporengeschoß. Zwischen die – gegenüber dem Rundbogen höheren – Rundbogen sind zweigeschossig übereinander zwei Säulen mit korinthischen Kapitellen eingestellt, von Rundbogen übergriffen. Darüber folgt unter der Kuppel eine geschlossene Mauerzone, in die rundbogige Fenster eingeschnitten sind. (Die Säulen des Emporengeschosses stammen aus Ravenna.) Der Westbau ist nicht mehr in seiner ursprünglichen Gestalt vorhanden. Erhalten sind der Eingangsvorbau mit dem Portal und der großen Nische darüber sowie die seitlichen halbrunden Treppentürme. Turmartig war der heute spätgotisch überhöhte Mittelteil.

29 GERMIGNY-DES-PRÉS. Erbaut von dem Westgoten Bischof Theodulf von Orléans, einem der Ratgeber Karls d. Gr. Weihe 806. Um einen von vier Pfeilern markierten quadratischen, überkuppelten Mittelraum legen sich acht kleinere gewölbte und fast quadratische Räume, so daß wiederum ein Quadrat entsteht. Im Osten schließen daran eine Hauptapsis mit zwei Nebenapsiden an, an den übrigen Quadratseiten hufeisenförmige Apsiden jeweils in der Mitte. Die westliche Konche wurde später zerstört und durch ein kleines Langhaus ersetzt. Stark betont ist der Mittelraum mit der Kuppel, die auch im Außenbau turmartig erhöht ist. Die Reste des Stuck- und Steinschmucks im Museum von Orléans lassen westgotischen Einfluß erkennen.

30/31 FULDA, MICHAELSKAPELLE. Von der karolingischen Klosteranlage der Abtei Fulda ist nur noch die – allerdings in romanischer Zeit veränderte – Kapelle auf dem Begräbnisplatz der Mönche erhalten. Sie wurde 820–822 von Abt Eigil erbaut. Ein kreisrunder Zentralbau mit Mittelraum und Umgang, der durch acht von Rundbogen übergriffenen Säulen vom Mittelteil getrennt ist (Abb. 30). Unverändert erhalten ist die Krypta (Abb. 31). Ein an vier Seiten offener Mauerring führt vom tonnengewölbten Umgang zum Mittelraum, dessen Gewölbe eine kurze, schwere Säule mit rohem ionischen Kapitell trägt.

32 STEINBACH, EINHARDSBASILIKA. 827 geweiht. Über einer tonnengewölbten Gangstollenkrypta erhob sich eine dreischiffige Pfeilerbasilika mit eingezogener Ostapsis und einem Zellenquerhaus im Osten, d. h. niedrigen, östlichen Seitenkapellen. Die Seitenschiffe wurden später abgerissen und die hohen Mittelschiffarkaden vermauert. Die Basilika hat eine flache Holzdecke. Ursprünglich war Steinbach als Grablege für Einhard, den Vertrauten Karls d. Gr., bestimmt, wurde aber später zugunsten von Seligenstadt (832–840) aufgegeben, das mit Steinbach die Pfeiler im Langhaus gemeinsam hat, sonst aber dem römischen Basilikatypus entspricht (Ringkrypta, „römisches" Querhaus im Osten).

33 LORSCH, TORHALLE. Früher im Vorhof des völlig zerstörten Klosters. Vermutlich als „Triumphtor" für Karl d. Gr. errichtet, der 774 an der Weihe des Klosters teilnahm. Bemerkenswert ist die feine Wandgliederung des Außenbaus: über den drei von Pfeilern getragenen Eingangsarkaden eine schmale, auf vier Halbsäulen ruhende Gebälkzone; darüber das Obergeschoß, durch flache Pilaster und spitze Dreiecksgiebel gegliedert. In der Mitte über jeder unteren Arkade ein Fenster. Beherrscht wird der Eindruck jedoch vor allem durch die Buntheit der Tonplatten, die wie ein Teppich der Fassade aufgelegt sind. (Das Dach ist eine spätere Veränderung.)

QUOD CAROLUS PRINCEPS CONDIDIT ESSE VELIT

△ 29

▽ 30

▽ 31

△ 32

▽ 33

34-36 CORVEY, ABTEIKIRCHE. Schenkung Ludwigs des Frommen zur Missionierung der Sachsen. 822 als Nova Corbeia (d. i. Neues Corbie) geweiht und mit Mönchen aus dem nordfranzösischen Corbie besetzt. 873 wurde die (später zu einer zweitürmigen Anlage umgebaut) Dreiturmanlage im Westen begonnen. die trotz der Veränderung ein genaues Bild eines karolingischen Westwerks gibt. Von der karolingischen Klosteranlage ist nichts erhalten, die karolingische Kirche wurde 1665 wegen Baufälligkeit abgebrochen und durch eine Barockkirche ersetzt. Das karolingische Westwerk (Abb. 35: Westansicht mit Schnitt durch das Atrium. Abb. 36: Schnitt durch das Westwerk mit der Kaiserempore): Zwei Treppentürme im Westen stehen an den Ecken einer Eingangshalle, die sich unten in drei Arkaden öffnet und deren Mittelteil erkerartig vorgebaut ist. Dahinter befindet sich ein quadratischer Mittelbau, der durch alle Stockwerke hindurchführt und mit einem Turm abschließt. Dieses in der „Krypta" gewölbte Quadrum wird im Erdgeschoß von Seitenschiffen begleitet. Das Obergeschoß des Quadrums, dessen untere Arkaden auf starken Pfeilern ruhen, ist flach gedeckt und an drei Seiten von gewölbten Seitenräumen umgeben, die Emporen tragen. Die Emporenarkaden sind durch Zwischensäulen gegliedert. Besonders hervorgehoben ist die mittlere große Arkade, die nicht unterteilt ist. Ihre Besonderheit tritt außen durch den Erker in Erscheinung. Das Quadrum wird nach Osten hin von einer mehrstöckigen Arkadenwand von einem Ostraum getrennt, der Westwerk und Kirche ursprünglich verband. An dieser Ostwand stand der Altar des Westwerks. – Unter Abt Wibald (1146–1158) wurde das Westwerk zu einem Westchor umgebaut und die äußere Gestalt verändert: Der Turmabschluß des Quadrums wurde abgebrochen, die Treppentürme erhöht und durch ein doppelgeschossiges Glockenhaus verbunden.

35

36

◁ 34

Zur *Hofschule in Aachen*, dem Zentrum karolingischer Künste und Gedanken, gehörten Schreibschulen und Schreibstuben. Dort entstanden die großen Handschriften der Hofschule. Diese Gruppe stilverwandter Werke wurde früher nach *Ada*, der Stifterin des in Trier befindlichen Evangeliars, benannt. Näheres über diese Stifterin ist nicht bekannt, angeblich handelt es sich um eine Schwester Karls d. Gr. In der Hofschule kann man die konsequente Verwirklichung der künstlerischen Ziele der karolingischen Renaissance oder einschränkender: der von Alkuin ins Werk gesetzten Bildungsreform Karls d. Gr. sehen, einer Reform, die neben der Wiederaufnahme längst vergangener Form viel Selbständiges und Neues bringt. Manches wurde wiederentdeckt und wiedererlernt. Erstaunlich ist zumal in den späteren Handschriften der Hofschule und den nachfolgenden Werken die Gewandtheit in der Bewältigung komplizierter Raumformen, die über die bloße Anwendung antiker Perspektiven weit hinausgehen. Denn diese auf verzwickte Weise aperspektivischen Räume sind nicht einfach Mißverständnisse von Vorbildern, sondern absichtsvolle Weiterbildungen und Umkehrungen: Die Umkehrung der sog. *umgekehrten Perspektive* würde in vielen Fällen nicht zu einer Wiederherstellung antiker Perspektiven führen, sondern zu (allerdings groben) Näherungslösungen der Zentralperspektive. Der Zweck dieser für frühmittelalterliche Künste charakteristischen „umgekehrten Perspektive“ besteht darin, den Bildraum auf die Gestalt im Zentrum des Bildes zu beziehen und nicht auf den Betrachter. Nur von der Gestalt aus gesehen „stimmen“ die Linien annähernd. Das Verfahren ist ein Mittel zur Sicherung der Bildgestalt und zur Steigerung der Bedeutung des Dargestellten. Voraussetzung dieses und anderer mit genauem Bewußtsein eingesetzten artistischen Mittel ist die für die karolingische Kunst charakteristische Überlagerung der illusionistischen Kunstformen mit Bedeutungsvorstellungen. Die neuen Ziele der Kunst verändern daher die von der Antike und von Byzanz erlernbaren Formen.

Dennoch war *byzantinische Malerei* in vieler Beziehung Vorbild und Lehrmeister. Denn nur hier konnte man differenzierte bildnerische Techniken erlernen, deren Kenntnis auch Voraussetzung der neuen Kombinationen war, die außerhalb der Möglichkeiten byzantinischer Kunst lagen. Die Abfolge der Werke gilt seit den Forschungen Köhlers als gesichert. Die Tätigkeit der *Hofschule* kulminiert um 800 und erstreckt sich bis zum Tode Karls d. Gr. Das Hauptwerk ist sowohl nach der Zahl der Motive und der Bedeutung der Gedanken als auch an künstlerischer Prägnanz das *Evangeliar aus St. Médard in Soissons* (Abb. 37, 38, 44, 45, 47). Es enthält (nach Carl Nordenfalk) über 600 verschiedene Ornamentmotive. Die Bedeutung seiner ganzseitigen Bilder steht dem Reichtum der Ausstattung nicht nach. Es soll für Karl d. Gr. angefertigt worden sein, eine Nachricht, die den Rang dieses Werkes bekräftigt.

Etwas später entstand das Trierer *Ada-Evangeliar*. Diesen beiden Hauptwerken lassen sich eine Reihe verwandter Handschriften zuordnen, so das *Evangeliar von Abbéville* (Abb. 42, 43) und das Evangeliar im Britischen Museum (Harley 2788). Ein Spät-

werk, das Elemente seiner Vorgänger in teilweise bereits mißverstehender Zusammensetzung vereinigt, aber daneben Neues enthält, ist der *Lorscher Codex.*
Dieser Gruppe geht mit einigem zeitlichen Abstand das *Godescalc-Evangelistar* (Abb. 41, 46, 48), so benannt nach seinem Schreiber, voraus. Es entstand im Auftrag Karls d. Gr. in den Jahren 781–783, wurde also im Jahr der Berufung Alkuins begonnen.
Als wesentlich kompilatorische Leistung enthält das Godescalc-Evangelistar Elemente der späten angelsächsischen Malerei und ihrer kontinentalen Weiterbildungen. Irisch-angelsächsisches Ornament ist noch kenntlich, aber nun zurückgedrängt. Die Pflanzenstilisierungen verweisen auf spätantike Motive. Die Gestalten zeigen die Tendenz zu plastischer Körperlichkeit. Wie das Bild des *Lebensbrunnens* (Abb. 46) erweist, erstreckten sich die Kenntnisse des Meisters in stärkerem Maß als sonst auf byzantinische Kunst. Die Handschrift enthält nur wenige ganzseitige Bilder: ein Majestasbild, die Bilder der schreibenden, meditierenden, auf die Stimmen ihrer zugeordneten Wesen lauschenden vier Evangelisten, die als Autorenbilder den Texten voranstehen, sowie das merkwürdige Lebensbrunnenbild. Das Bildprogramm ist begrenzt. Es bezieht sich auf die Bedeutung der Texte. Auch die Werke der Ada-Gruppe enthalten nur wenige ganzseitige Bilder. Leitmotiv sind die Evangelistenbilder. Das Majestasbild ist eine Ausnahme, das Thema kehrt erst im späten Lorscher Codex in ganz anderer Gestalt wieder.
Das *Godescalc-Evangelistar* ist ein Vorläufer: Die Ziele sind bereits erkennbar, aber es bedurfte einer merklichen Vermehrung der Kenntnisse und einer neuen Orientierung der künstlerischen Mittel, um sie zu realisieren. Schon die Farbigkeit der späteren Werke ist reicher und differenzierter. Sie umfaßt nun die ganze Skala. Prächtiges Rot, tiefes Blau, präzise Purpurnuancen werden gegeneinander ausgespielt, und für bestimmte Zwecke wählt man leuchtendes Smaragdgrün. Die Erdfarbenskala des Godescalc-Evangelistars wird zurückgedrängt, die Farben werden kostbar (auch teurer, schwerer zu beschaffen) und „byzantinischer". Sodann, und dies ist entscheidend, werden in der Hofschule die im Godescalc-Evangelistar noch unerheblichen architektonischen Elemente über alles Vorangegangene hinaus weitergetrieben: Sie bestimmen die Bildgestalt bis in die Einzelheiten, definieren ihre Bedeutung und sind mehr als alles andere charakteristisch für den „Stil" der Bildgedanken.
Auch gewinnen die Gestalten an plastischer Rundung und Freiheit der Bewegung, ja Intensität des Ausdrucks. Die Umgebung der Evangelisten ist geräumig, nichts steht hindernd im Weg. Mit weitausholender Gebärde taucht der Matthäus des *Evangeliars von Abbéville* (Abb. 42) nachdenklich seine Feder in das Tintenfaß, meditierend, der Stimme des Engels, dem „alter ego" lauschend, ein Schreiberfürst, in selbstverständlicher Freiheit thronend. Das beiläufige Eintauchen der Feder wird zur Herrschergebärde. In diesem Fall war in der Tat ein Segensgestus als Vorbild im Spiel, und überdies haben alle frühmittelalterlichen *Segensgesten* und bedeutungsvollen Gebärden ihren Ursprung in *Herrschergesten* oder in *rhetorischen Gebärden:* Die Segensgesten des thronenden Christus sind sämtlich rhetorische Gebärden, sie haben ihre ursprüngliche Bedeutung zu dieser Zeit noch bewahrt.

Bei aller Vorbildlichkeit spätantiker und byzantinischer Form ist der unüberbrückbare Abstand um so deutlicher, als hier und in der ganzen Gruppe mit beträchtlicher Anstrengung einige Nähe zur Antike in der Tat erreicht wurde. Man hat auf das Künstliche und Überzüchtete dieses Stils oft genug hingewiesen, auf die fortgeschrittenen Abstrak-

37 JOHANNES. Evangeliar aus St. Médard in Soissons. Hofschule Karls d. Gr. Aachen. Um 800. Paris, Bibliothèque Nationale MS. Lat. 8850, Fol. 180. Das Medardus-Evangeliar kann nach Prächtigkeit der Ausstattung, Zahl und Bedeutung der Motive als Hauptwerk der Hofschule gelten. (Vgl. Abb. 38, 44, 45, 47.) Das Bild des Johannes zeigt die für diese Handschriftengruppe – mit Ausnahme des Godescalc-Evangelistars – charakteristische komplizierte Verschränkung der rahmen- und bildarchitektonischen Motive. Zum Bedeutungsgehalt gehört, daß die dargestellte (aperspektivische) Architektur nicht im Rahmenbau verankert ist, sondern als Abbild von Bedeutungsarchitektur in die kosmisch motivierte Bogenzone, den Ort des Evangelistensymbols, hineinragt. Derart sind die Orte der Gestalten sowohl voneinander gesondert als auch (im Innern) einander vermittelt. Im Detail von Architektur und Gestalt mannigfaltige Verwandlung antiker Form.

38 ANBETUNG DES LAMMES. Evangeliar aus St. Médard in Soissons. Hofschule Karls d. Gr. Aachen. Um 800. Paris, Bibliothèque Nationale MS. Lat. 8850, Fol. 1 v. Architektonische Welt- und Kirchenallegorie. Sie bezieht sich auf den Text der Vorrede zu den vier Evangelien (Plures fuisse...), die dem Nachweis der Evangelien gilt. Die vier Säulen, die das Band vereinigt, meinen die vier Evangelien, zugleich Ecclesia. Dem entspricht oben (im Gebälk) das Himmlische Jerusalem mit den Evangelistensymbolen sowie das „Gläserne Meer" als Grenze des Kosmos. Charakteristisch, daß hier die Architektur aufhört. Der Bildrahmen, der den vierten, „überhimmlischen" Weltort umgibt, verweist auf nichtbegrenzten Raum: dort die apokalyptische Szene und die Epiphanie des Lammes. Im Gebälk sind die drei Himmelszonen angedeutet: unterer Steifen Vegetation, die auf das Paradies verweist, dann Himmlisches Jerusalem und Gläsernes Meer. Der Bedeutungsgehalt des Bildes hat Entsprechungen in den Lebensbrunnenbildern. Deutlich ist, daß hier verschiedene Bildzitate spätantiker und byzantinischer Herkunft vereinigt wurden.

39 LUKAS. Ada-Evangeliar. Hofschule Karls d. Gr. Aachen. Um 800. Trier, Stadtbibliothek Cod. 22, Fol. 85 v. Das Ada-Evangeliar verdankt seinen Namen einer „Ada ancilla Domini", die in einem später eingetragenen Gedicht als Auftraggeberin genannt wird (angeblich eine Schwester Karls d. Gr.). Der Name der Handschrift wurde zum Kennwort für die ganze Gruppe. In den Evangelistenbildern als interessante Weiterbildung und Angleichung an den gemeinten Bildinhalt die „kristalline" Fortsetzung der Architektur im kosmischen Bereich des Bogens. Daher das mehrfach gebrochene Smaragdgrün an dieser Stelle (statt dessen auch oft Pupur – vgl. Abb. 38 –, denn das Gläserne Meer ist zugleich „feurig" (Apokalypse). Interessant die Angleichung des Stiers an den Bogenraum.

40 LUKAS. Fulda. Mitte 9. Jh. Würzburg, Universitätsbibliothek Mp. theol., Fol. 66. Nachfolgewerk der Hofschule, das sämtliche älteren Motive versammelt: Kombination von Rahmenarchitektur und Bildrahmen, wobei durch die plastischen Sockel, Basen und Kapitelle der Gegensatz deutlicher wird (vgl. Abb. 38); Fortsetzung realer Architektur als Himmelsarchitektur aus Kristall (vgl. Abb. 39); Differenzierung der „jenseitigen" Zone (vgl. Abb. 38). Die Gestalt des Evangelisten läßt auf neue graeco-italische Muster schließen. Der mit einem Hufschlag gegen den Nimbus enteilende Himmelsstier, dessen sonderbare Berührung „Inspiration des Evangelisten" meint, ist vorgebildet in angelsächsisch-merowingischen Werken (Gudohinus-Evangeliar. Autun MS. 3; vgl. Zimmermann). 37 ▷

INPRINCIPIO ERAT VERBUM ET VERBUM ERAT APUD
DM ET DS ERAT VERBUM HOC ERAT IN PRIN

SCS
SCS
SCS

◁ 38 39 △

tionen der Gestaltbildung. Zumal im Trierer *Ada-Evangeliar* (Abb. 39) wirken die Gesichter der jugendlichen Evangelisten maskenhaft und hinter der Maske sehr alt. Dies alles ist in der Tat künstlich, eine konstruierte Antike. Die Voraussetzungen hatten sich längst verändert. Was hier realisiert wurde, ist weniger ein Rückgriff auf antike Form, auf kaiserliche, römische, als vielmehr die Vorstellung, die karolingische Künstler davon gewonnen hatten. Die Vorbilder wurden benutzt als Sammlung von Präzedenzfällen, vor allem für die Nachbildung von Details. Sehr selten aber wurde ein Bild als Ganzes übernommen, kein einziger schlüssiger Fall ist bekannt. Denn die Bedeutung der Gegenstände hatte sich verändert, und sie war anders als in den byzantinischen Vorbildern.

So sind zwar die Evangelistenbilder Autorenbilder wie die antiken Dichterporträts, und einiges davon bleibt auch im *Evangelistenbild* erhalten. Aber was das frühmittelalterliche Evangelistenbild grundsätzlich vom antiken Dichterportät (das freilich noch lange nachwirkt, vgl. das Gregors-Evangeliar in Cambridge, Abb. 10) unterscheidet, ist die Tätigkeit, das Schreiben, das Eintauchen der Feder. Zur Inspiration gehört das Schreiben, die Arbeit. Der antike Dichter meditiert oder befindet sich im Dialog mit der Muse, aber er ist nicht tätig. Zu den treibenden Kräften der westeuropäischen Entwicklung, zu ihren nichtantiken Elementen, gehört ein neuer Begriff der Arbeit. Er ist auch an der Umbildung antiker Dichterbildnisse zum Evangelistenbild beteiligt. Das gilt auch für *Byzanz*. Bis hierhin konnte man den byzantinischen Entwicklungen folgen und sie als vorbildlich betrachten, in anderen Bereichen war das nicht mehr möglich, denn gewandelt hatte sich auch der Begriff der Inspiration. Die mittelalterlichen Varianten sind zahlreich, sie wurden sämtlich im Frühen Mittelalter „durchgespielt". In Byzanz dagegen hatten antike Vorstellungen noch lange Gültigkeit, dort wurden die neuen Kombinationen des Westens aus sicheren Gründen vermieden, denn die Vereinigung des Evangelisten mit seinem tiergestaltigen Symbol, das außerdem als inspirierend, als mächtiger als der Inspirierte und als Erscheinungsform göttlichen Seins zu gelten hatte, widersprach antiker Norm; auch die Darstellung Christi als Lamm wurde dort ausdrücklich verboten. Entsprechend hatten alle neuen Entwicklungen des Westens dort kein Äquivalent, wo antike Normen noch galten, obgleich man deren Formen als vorbildlich betrachtete. In Byzanz wurden die Evangelistensymbole vor dem 11. Jh. nur vereinzelt dargestellt, das gleiche gilt für Szenen apokalyptischen Ursprungs. Für die Bildgestalt und das Bildprogramm frühmittelalterlicher Buchmalerei sind aber gerade diese Elemente wichtiger als alles andere. Daraus folgt die neuartige Rolle der Bildarchitektur, daraus folgen die Einzelheiten der Gestaltbildung und die Farbgebung, die in ihren wesentlichen Bestandteilen nicht einfach ästhetische Gründe hat, „Schönheit", „Kostbarkeit" und dergleichen, sondern Bedeutungsträger ist wie die Bildarchitekturen, die in realer Architektur ihre Entsprechung haben.

Die *Evangelistenbilder* der Hauptwerke der Hofschule sind architektonisch gerahmt mit Säulen von antikisierendem Bau und reich ornamentierten, auch mit gemmen-
40 artigen Medaillons besetzten Arkaden. Derart portalhafte Gebilde waren zuvor schon

geläufig. Die Rahmenarchitektur besorgt die Bildgliederung: oben die Symbolwesen vom Bogen umrahmt, unten im Interkolumnium der Evangelist. Hintergrund ist in mehreren Fällen, im *Medardus-Evangeliar* (Abb. 37) wie im Trierer *Ada-Evangeliar* (Abb. 39), wiederum Architektur, die mit der Rahmenarkade offenbar nichts zu tun hat. Ohne Kenntnis der Voraussetzungen wäre dies alles unverständlich, absonderlich und erschiene als mißverstandene Übernahme byzantinischer Vorbilder. Das ist nicht der Fall. Jedes Detail hat Bedeutung. Der Bogen ist Abbild, Abbreviatur der *Sphaira*, des kugelförmigen Weltganzen. Darin *erscheint* das Evangelistensymbol, über den Wolken oder über den Himmeln, den Sphären. Auf Raum und Ort bezieht sich auch die Hintergrundsarchitektur.

Die *Evangelistenbilder* sind ein Leitmotiv frühmittelalterlicher Kunst, häufiger vorkommend als alle anderen Themen und über längere Zeiträume oft der einzige Gegenstand figuraler Darstellung. In der Hofschule wurde zum ersten Mal ihr gesamter Bedeutungsgehalt bildhaft realisiert. Auf ihren umfassenden allegorischen Kontext beziehen sich auch alle anderen ganzseitigen Bilder dieser Handschriftengruppe. Sie alle gehören zu den Texten, in denen begründet wird, was die vier Wesen mit den Evangelien und den Evangelisten verbindet. Die Bedeutung der Bildzeichen hat in den Texten genaue Entsprechungen.

Die Zuordnung der Evangelisten zu ihren Symbolen war ein theologisches Problem, lange bevor es ein künstlerisches wurde. Gegen Ende des 2. Jh. suchte der Bischof *Irenäus von Lyon* in seiner Schrift „Adversos Haereses" die Zahl der Evangelien auf diejenigen vier zu beschränken, die sich bereits zu seiner Zeit als rechtsgültige durchgesetzt hatten und die später kanonisiert wurden. Andere Versuche folgten. Um 410 referierte *Hieronymus* die wesentlichen Motive in seinem *Ezechielkommentar* sowie in seinem *Matthäuskommentar*, der als Einleitung auch den Evangeliaren der Hofschule voranstand. Die allegorische Kombination ging aus von den vier Lebenden der Apokalypse und den vier Wesen der Gottesvision des Ezechiel und ihrer Deutung. Grundlage war die Symbolik der Zahl vier, der alten babylonischen Weltzahl. Den vier Wesen als den Erscheinungsformen Gottes konnte zugeordnet werden, was einige Bedeutung hatte und als vierfach bekannt war. Irenäus erwähnt die vier Weltrichtungen und die vier Winde, setzt die vier Säulen der Welt den vier Eckpfeilern des Kirchengebäudes analog und deutet die vier Begleiter des Gottesthrons, den Menschengestaltigen, den Löwenhaften, den Stierförmigen und den Adlergleichen als Erscheinungsformen des Logos, des „artifex omnium", und schließt daraus, den viergestaltigen Logos auf die Evangelien des Matthäus, Markus, Lukas und Johannes beziehend, es könne nicht mehr und nicht weniger als diese vier geben. Später kommen als weitere Analogien die vier Elemente hinzu, die Jahreszeiten und die Paradiesesflüsse, die dem Lebensbrunnen entspringen, und einiges andere. Die alte kosmologische Bedeutung der vier Wesen, die babylonischen Ursprungs ist, blieb in den Zuordnungen zu den vier Evangelisten erhalten. Auch in der christlichen Kunst waren die Evangelistensymbole, was sie ursprünglich waren: Tierkreisgötter, Sternbilder der vier Jahreszeiten und Weltrichtungen. Zwar verlieren sie im Christentum ihre genaue Lokalisierung am Sternenhimmel, gewinnen aber in der Zuordnung zu den Evangelisten neue Bedeutungen hinzu. Da es hier vor allem auf die Zahl ankam und ihre Symbolik, war die Zuordnung im einzelnen schwer zu begründen. Sie wechselte denn auch, die Varianten wurden erörtert. Später setzte sich die Ordnung des Hieronymus durch; sie war nicht einleuchtender als andere, aber Hieronymus war einflußreicher. Für die Ikonographie wird seine Konstruktion erst in ottonischer Zeit wichtig.

Die Zuordnung wurde nicht sogleich dargestellt. Noch lange bestanden Hemmnisse, Tiergestaltiges als Erscheinungsform des Göttlichen anzuerkennen. Im Gregors-Evangeliar von Cambridge sorgte die Architektur mit beträchtlicher „Mauerstärke" für die Trennung der Gestalten und zugleich für ihre Zuordnung. Das *Lindisfarne-Evangeliar* meint mit seiner besonderen Bildform und mit der Vermittlung durch das Kraftfeld des Nimbus die Identität der Gestalten. Erst die karolingischen Meister der *Hofschule* suchten Formen, die geeignet waren, den gesamten Bedeutungsgehalt dieser allegorischen Kombinationen zu realisieren: Dichterbild und mythische Kosmologie, Weltarchitektur als Vermittlerin der Inspiration des Evangelisten. Es gibt dabei mehrere Schwierigkeiten. Einige seien erwähnt, denn sie begegnen als Komplikation der Bilder.

Mehrfach sieht man anstatt der Wolken im Bogen Gewässer (Abb. 43, 44). Es handelt sich um das „Gläserne Meer, das mit Feuer untermischt ist", aus der Johannesapokalypse. Der Topos ist älter, er meint die äußerste Weltsphäre, den Fixsternhimmel und Ort der Tierkreiszeichen und Evangelistensymbole. *Gläsernes Meer* und Bogen sind ihrer Bedeutung nach identisch, beide gehören zur Vorstellung eines kugelförmig geschlossenen, begrenzten *Kosmos*. Das kristalline Meer bedeutet die äußerste Sphäre. Es ist als Meer wie als „Kristall" von smaragdenem Grün, aber mit Feuer durchsetzt und daher oft purpurfarben. Hieronymus meint (andere zitierend), es handle sich um Eis, das aus „reinen und leuchtenden Wassern" bei „ungeheurer Kälte" gefroren sei. Dieselbe Erklärung wurde sehr oft wiederholt bis in die karolingische Zeit, auch wurden die Farben erläutert. Der Weltkristall ist smaragden, seine Leuchtkraft aber verdankt er den in ihn eingeschlossenen Fixsternen. *Isidor von Sevilla* (um 560–636) liefert in seinem Hauptwerk „De Natura Rerum" eine verwegene Fortsetzung dieser quasiphysikalischen Erklärung. Dies alles, meint er, sei in weiser Voraussicht sehr zweckmäßig geordnet, denn die ungeheure Kälte des Eises garantiere, daß es fest bleibe und nicht herunterfalle, außerdem neutralisiere es die Hitze der Fixsterne und bewahre die Weltachse, die durch die rasche Umdrehung sehr beansprucht sei, vor der sonst unausbleiblichen Überhitzung. Isidor war eine der wichtigsten naturphilosophischen Quellen des Frühen Mittelalters. So absonderlich diese Interpretation des Weltbaus erscheint: Ihre Rationalität ist bemerkenswert. Innerhalb der Axiome bewegt man sich frei spekulierend.

Die Grenze des Kosmos löste seit alters die Frage aus, was dahinter sei. Natürlich wurde die mögliche Antwort, dahinter sei „nichts", abgelehnt, denn das Nichts „ist nicht" und ist daher als Fiktion zu betrachten. Hinter den kristallenen äußeren Grenzen des Kosmos ist also etwas unbegreiflich anderes. Die Frage forderte eine Antwort,

41 MARKUS. Godescalc-Evangelistar. Auftrag Karls d. Gr. Hofschule 781–783. Paris, Bibliothèque Nationale Nouv. Acq. Lat. 1203, Fol. 16. Benannt nach seinem Schreiber Godescalc. Erstes Hauptwerk der Hofschule, jedoch deutlich gesondert von den späteren Werken. (Vgl. Abb. 46, 48.)

42 MATTHÄUS. Evangeliar. Hofschule Karls d. Gr. Um 800. Abbéville, Bibliothèque Municipale MS. 4, Fol. 176. Rahmenarchitektur. Antike Details in Haltung, Gebärde, Gewandung, Architektur. Reste antiker Perspektive in der Begrenzung des Thrones. In vieler Beziehung ist das Werk neuartig. Man vergleiche etwa das Stockholmer Evangeliar (Abb. 14), das als erstarrte Spätform des römischen Dichterbildes diesem Werk sehr gegensätzlich ist.

43 LUKAS. Evangeliar. Hofschule Karls d. Gr. Um 800. Abbéville, Bibliothèque Municipale MS. 4, Fol. 101 b. (Vgl. Abb. 42.) Wie in dieser eng zusammengehörigen Folge von Handschriften kombiniert wurde, zeigt etwa die Einfügung des schrägen Thrones in andere Evangelistenbilder (z. B. Medardus-Evangeliar, Abb. 37), während die Haltung dieser Gestalt am Godescalc-Evangelistar (vgl. Abb. 41) orientiert ist. Zu den Variationen über das Thema „Gläsernes Meer" als Ort des Evangelistensymbols gehört das Bild im Bogen: Der Himmelsozean ist – nach antikem Vorbild – als wirkliches Meer darstellt.

44 MARKUS. Evangeliar aus St. Médard in Soissons. Hofschule Karls d. Gr. Aachen. Um 800. Paris, Bibliothèque Nationale MS. Lat. 8850, Fol. 81 b. Variation über die bereits vorhandenen Motive: Der Evangelist gehört zum Typus der Abb. 41 und 43.

45 KANONTAFEL. Evangeliar aus St. Médard in Soissons. Hofschule Karls d. Gr. Aachen. Um 800. Paris, Bibliothèque Nationale MS. Lat. 8850, Fol. 11 a. (Vgl. Abb. 46 und 47.)

46 LEBENSBRUNNEN. Godescalc-Evangelistar. Hofschule 781–783. Paris, Bibliothèque Nationale Nouv. Acq. Lat. 1203, Fol. 3 b. Erste karolingische Realisierung des Lebensbrunnenmotivs nach byzantinischen Vorbildern. Der Text der Vorrede (vgl. Abb. 38) ist auch hier verbindlich. Der Lebensbrunnen ist als Allegorie der Vierzahl der Evangelien zu verstehen, die den vier Paradiesesströmen analog sind (als aus *einem* Quell entspringend, die Welt befruchtend).

47 LEBENSBRUNNEN. Evangeliar aus St. Médard in Soissons. Hofschule Karls d. Gr. Aachen. Um 800. Paris, Bibliothèque Nationale MS. Lat. 8850, Fol. 6. Zur Bedeutung vgl. Abb. 46. Charakteristisch, daß im Medardus-Evangeliar das Motiv zweimal vorkommt, im Zusammenhang der Kanontafeln wie als Entsprechung zur Anbetung des Lammes. (Vgl. Abb. 38.) Der Gedanke ist derselbe, die Bildgestalt ist um einige architektonische Elemente bereichert worden, die im Godescalc-Evangelistar noch fehlen. So ist die große Exedra hinter dem Paradiesbrunnen ein deutlicher Rückgriff auf byzantinische Form. (Vgl. Bd. IV, Abb. 128.)

48 MAJESTAS DOMINI. Godescalc-Evangelistar. Hofschule 781–783. Paris, Bibliothèque Nationale Nouv. Acq. Lat. 1203, Fol. 3 a. Der thronende Christus im Paradies, vor den Mauern des Himmlischen Jerusalems und mit den Kreisen der Sternensphäre darüber.

49 MAJESTAS DOMINI, Christus als Kosmokrator. Evangeliarfragment aus Lorsch. Hofschule. Um 810. Bukarest, Nationalbibliothek Pag. 3 b. Christus thront in kreisförmiger „Mandorla". Der Kreis ist Abbreviatur der Sternensphaira. Die Evangelistensymbole waren ursprünglich Tierkreisgötter, die, um 90° gegeneinander versetzt, auf die vier Weltrichtungen und Jahreszeiten verwiesen. Die kosmologische Bedeutnung bestimmt hier die gesamte Bildgestalt. Sie ist zugleich anschauliche Begründung der Einheit der Evangelien.

50 DIE VIER EVANGELISTEN. Codex Rossanensis. 2. Hälfte 6. Jh. Rossano, Museo del Arcivescovado Fol. 5 a. (Bildzitat zu Abb. 49.) Der Ring mit den vier Halbfiguren der Evangelisten im Medaillon hat die gleiche Bedeutung wie in Abb. 49 und meint, wie auch die Inschrift zeigt, die kanonische Lehre von der Einheit, den kosmologisch begründeten Zusammenklang der vier Evangelien.

51 JUPITER ALS KOSMOKRATOR. 2. Jh. n. Chr. Rom, Villa Albani. Marmor. (Bildzitat zu Abb. 49.) Jupiter thront inmitten des Tierkreises, der auf die Sphaira verweist und von dem Atlanten getragen wird.

LIBER GENERATIONIS IHV XPI FILII
DAVID FILII ABRAHAM

△ 41 ▽ 43 △ 42 ▽ 44

QVO QVIDEM MVLTI CONATI SVNT

△ 45

▽ 46

▽ 47

△ 48

△ 49

▽ 50

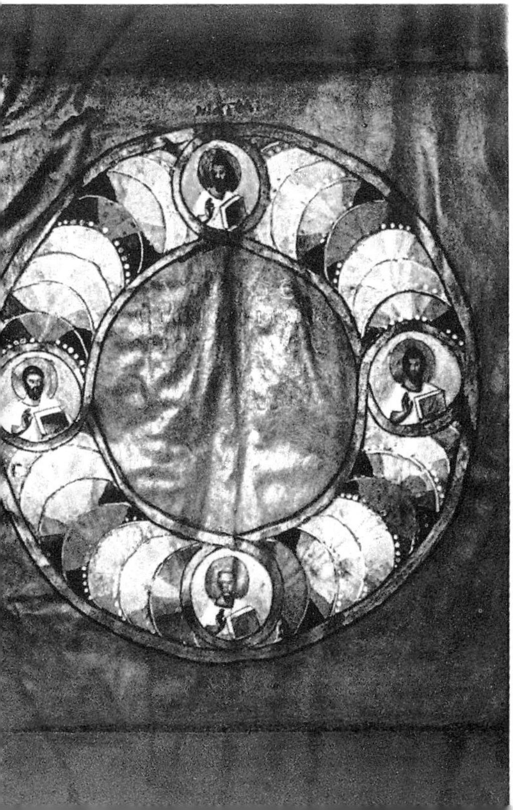

▽ 51

△ 52

CONTRALIOSLINGUAHORU

△ 53

SILUARUM IUMENTAIN
MONTIBUSETBOUES;
COGNOUIOMNIAUOLA
TILIACAELI ETPULCHRITU
DOAGRIMEICUMEST;
SI ESURIERONONDICATIBI
TESTAMENTUMEUPEROSTUU;
TUUEROODISTIDISCIPLINA
ETPROIECISTISERMONES
MEOSRETRORSUM;
SIUIDEBASFUREMCURRE
BASCUMEO ETCUMADUL
QUANDORAPIAT ET
NONSITQUIERIPIAT;
SACRIFICIUMLAUDIS
HONORIFICABITME
ETILLICITERQUODOSTEN
DAMILLISALUTAREDI;

▽ 54

in die Lücken der Welterkenntnis strömte theologische Spekulation ein. Hinter der Grenze der kristallinen Sphäre des Kosmos wird der ganze Weltbau aus ineinanderkreisenden Sphären noch einmal fortgesetzt in den „geistigen" Sphären, den „caeli spirituales", den Engelshierarchien, deren Folge von *Pseudodionysius Areopagita* systematisch und älteren Traditionen gemäß dargelegt wurde. Das wurde also mitgedacht, war als Weltallegorie den karolingischen Lehrern der Hofschule bekannt, und daraus folgen einige Eigentümlichkeiten der Bilder.

Zur Weltzahl vier gehört auch eine vertikale Gliederung nach Weltorten. Hieronymus zählt sie auf: der Ort der Unterweltlichen, der Irdischen, der Ort der Himmelssphären und der Ort der „über den Himmeln Wohnenden". Zum Nachweis dieses höchsten Weltorts zitiert er die „Wasser über den Himmeln" aus dem 148. Psalm, die wieder dem Himmelsozean entsprechen. Dieses Weltbild ist für die Hofschule bestimmend. Die Bildarchitekturen der Evangelistenbilder trennen und definieren die Weltorte und stellen anschaulich ihre hierarchische Ordnung dar. Der Bogen umgrenzt den Erscheinungsraum des „Evangelistensymbols", der in mehreren Fällen näher bestimmt ist als das Meer. Das heißt: Nach spätantikem Vorbild wird eine Seelandschaft dem Bogen eingesetzt, als Bildzeichen für „Gläsernes Meer". Die Erfindung steckt hier und in ähnlichen Fällen in der Kombination typischer Prägungen gemäß einer bestimmten literarischen Vorstellung vom Weltbau und der Bedeutung des Textes.

52 CHRISTUS MIT DEN VIER EVANGELISTEN. Evangeliar aus Xanten. Palastschule. Um 810. Brüssel. Bibliothèque Royale 18723, Fol. 166. Das Brüsseler Evangeliar gehört zur (von Koehler so genannten) Gruppe des Wiener Krönungsevangeliars. Deren allgemeine Kennzeichen: landschaftlicher Illusionismus, tafelbildhafter Rahmen, malerischer Stil. Dieses Bild einer Majestas Domini kann als Gegenbild zum Lorscher Kosmokrator gelten. Wieder ist die Vierzahl bestimmend: Christus als Logos, auf der Sphaira thronend, inspiriert die vier Evangelisten, die Inspiration wird vermittelt durch die vier Evangelistensymbole, die auf hohen Bergen erscheinen, über einer Landschaft, die Welt bedeutet.

53 HIMMELFAHRT CHRISTI. Psalter. Illustration zu Psalm 64. Reims. Um 835. Utrecht, Universitätsbibliothek MS. 32. Der Utrecht-Psalter, Hauptwerk der Reimser Werkstatt, setzt mit seiner skizzenhaften Anlage der Bilder die Tendenz der Palastschule fort. Die Bilder sind mehr oder weniger freie Paraphrasen und Variationen zu spätantiken Psalterillustrationen. Die Himmelfahrt Christi als „Reise durch die Sphären" entspricht dabei dem karolingischen Weltbild. Welt ist dargestellt als Landschaft; Erdkreis und kosmische Grenze fallen in eins; Christus ist im Begriff, diese Grenze zu durchschreiten, als Sieger über „Löwen und Basilisken", und in die jenseitige Zone einzudringen. Jenseits der Grenze kreisen Sonne, Mond und die Tierkreiszeichen.

54 NATHAN VOR DAVID. Psalter. Illustration zu Psalm 50. Reims. Um 835. Utrecht, Universitätsbibliothek MS. 32. Der Prophet Nathan klagt König David des Mordes an; der König hatte, um Bathseba zu gewinnen, Urias, ihren Mann, mit dem „Uriasbrief" in den Tod geschickt. Der Prophet ist seiner Sache sicher; der König weicht zurück vor der vehementen Anklage. In der Landschaft die Gleichnisse des Propheten. Die psychologische Treffsicherheit ist beachtlich, die Reaktionen der Beteiligten werden mit wenigen sicheren Strichen charakterisiert. Eine andersartige Interpretation der Szene findet sich in der Reimser Elfenbeinskulptur (vgl. Abb. 84).

Als Höhepunkt der Leistung der Hofschule gilt die *Anbetung des Lammes* im *Evangeliar aus St. Médard in Soissons* (Abb. 38). „Kaum ein anderes Bild der Hofschule vermag so wie dieses das eigentliche Wesen der Kunst am Hof Karls d. Gr., das Pathos, die feierliche Repräsentation zum Ausdruck zu bringen" (Florentine Mütherich), und Wolfgang Schöne sieht in diesem Bild die Quintessenz karolingischer Architekturvorstellung und eine Entsprechung zur Pfalzkapelle. Diese beiden Hauptwerke karolingischer Kunst entstanden am selben Ort und zur selben Zeit, und sie gehören in der Tat zusammen. Auch sonst beziehen sich im übrigen die Bild- und Rahmenarchitekturen der Manuskripte auf den Bedeutungsgehalt, den reale Architektur abbildlich meint.

Die „Anbetung des Lammes" nun gehört zum Text der Vorrede zu den vier Evangelien (dem Matthäuskommentar des Hieronymus); die obere Bildzone bezieht sich auf die Stelle der Apokalypse, die im Text wegen der „vier Lebenden" zitiert wurde, denn der Kommentar gilt ja dem Beweis der Vierzahl der Evangelien, und darauf bezieht sich auch jede Einzelheit des Bildes. Die ganze Bildgestalt reproduziert als Kombination aus Zeichen diesen Beweis. Mit den vier Säulen, die das Tuch verbindet, sind die vier Evangelien gemeint und ihre Einheit. Sie gehören zu den Evangelistensymbolen in der Architravzone darüber. Die Kombination von Säule und Evangelium wurde schon von Irenäus vorgenommen und auf den Kirchenbau bezogen, aber auch auf das Ganze der Welt. Im gleichen Zusammenhang ist bei Irenäus vom viergestaltig erscheinenden Logos als dem „artifex omnium", dem Weltbaumeister, die Rede. Entsprechende Formulierungen sind häufig. So heißt es in einem karolingischen Apokalypsenkommentar – der früher Alkuin zugeschrieben wurde, aber als lehrhafte Kurzfassung auf ein Werk des Ambrosianus Authbertus zurückgeht –, nachdem zuvor kosmologische Bedeutungen der vier Wesen erläutert wurden, man könne sie auch ganz allgemein auf Ecclesia beziehen. In den gleichen Zusammenhang gehört die Feststellung des Beda Venerabilis, die Welt sei als Baldachin zu verstehen mit vier Säulen und der Kuppel darüber. Diese architektonischen Weltallegorien haben mannigfaltige Verzweigungen und weit zurückreichende Ursprünge. Jedenfalls sind die wichtigeren Topoi in der Hofschule und zumal im Medardus-Evangeliar versammelt. Drei Bildzonen sind kenntlich, drei Weltorte. Hintergrund ist unten Ecclesia als identisch mit dem Weltbau, den die vier Säulen meinen. Dem entsprechen „höheren Orts" die vier Evangelistensymbole, das Himmlische Jerusalem und das Gläserne Meer (ein schmaler Streifen mit Fischen und Wasservögeln). Darüber folgt „jenseitiger Raum", super caelos, jenseits der Sphären, und in dieser nicht mehr architektonischen Zone, die auch nicht mehr architektonisch umrahmt wird, ist über den purpurnen „caeli spirituales" die Anbetung des Lammes dargestellt, das seinerseits auch diesem „überhimmlischen Weltort" nicht mehr angehört, sondern, im Medaillon erscheinend, den Bildrahmen überblendet. Das Bild ist ein Weltbild mit eingezeichneter Hierarchie der Weltorte und stellt insgesamt Weltarchitektur als Ecclesia dar. Alle künstlerischen Mittel werden zu diesem Zweck eingesetzt, und der Einsatz zeigt Überlegung und genaue Kenntnis der Möglichkeiten von Bildzeichen.

Wenn man die literarischen Bildquellen ernst nimmt, und das muß man, dann ist das Ganze als Baldachinarchitektur zu verstehen, als Zentralbau analog der Pfalzkapelle. Das Modell ist in der Tat in beiden Fällen dasselbe. Die „Abbildung“ des Weltmodells aber ist als Diagramm in die Fläche geblendet und bildet ein aperspektivisches, nichträumliches Schema, denn alle zusammengehörigen Elemente befinden sich in derselben Bildschicht. Die gedachte Weltarchitektur wird „abgewickelt“ in die Bildebene.
Die Weltarchitektur endet mit dem Gläsernen Meer, und was darüber erscheint, ist nicht mehr architektonisierbar; an die Stelle des hier sonst üblichen Bogens tritt ein Bildrahmen, der dem Architrav aufgesetzt ist. Das kann verschiedene Gründe haben. So sind auch sonst oft die Bilder der Hofschule mitsamt ihren Bögen einem rechteckigen Rahmen eingefügt. Aber wenn man auf ein so bedeutungsvolles Bildzeichen wie den Bogen in diesem Fall verzichtete, so hat das Gründe. Hier meint der Rahmen, der immer einen Ausschnitt begrenzt, den nicht mehr architektonisch umgrenzbaren Raum jenseits der Weltsphären. In diesem Zeitraum war die Zahl der möglichen und sinnvollen Rahmungsmotive sehr viel reicher an Varianten und Kombinationen als später. Auch die Umgrenzung des Bildes, seine „Definition“, liefert Hinweise auf seine Bedeutung. Der Rahmen meint in karolingischer Zeit immer Ausschnitt aus größeren Räumen. Die Bildarchitekturen aber beziehen sich immer auf hierarchische Ordnungen des Weltbaus, deren äußerste Grenze der Rahmen bildet.
Die *Anbetung des Lammes* (Abb. 38) in Soissons enthält alle wesentlichen Elemente. Die Kombination von Rahmen und Säulenstellung wird in den *Evangelistenbildern der Werkstatt von Fulda* (Abb. 40) fortgesetzt, der einzigen wichtigen Nachfolgewerkstatt der Hofschule. Die Bildarchitekturen im Hintergrund werden weiterentwickelt im Trierer *Ada-Evangeliar* (Abb. 39) und den verwandten Werken. Diese Architekturen gelten als merkwürdig und sogar als mißverstandene Wiedergaben byzantinischer Vorbilder (Boeckler). Die Bildarchitektur ist vom Rahmenbau gesondert, sie bildet innerhalb der Rahmenarkade einen einheitlichen Raum und hebt die Grenze zwischen Interkolumnium und Bogenfeld teilweise auf. Sie wölbt sich nach hinten, schwingt oder knickt, seitlich und vorn beginnend, in hohen Flankenbauten zurück, so daß weiträumige, platzartige Nischen entstehen. Aber sie setzt nicht am Bogen an, sondern dahinter, sie umgrenzt einen einheitlichen Raum und ist Hintergrund für den thronenden Evangelisten. Sie beginnt als reale Architektur, ragt in den Bogen hinein und verwandelt sich dort. Die Farbe verliert ihre stoffliche Bestimmtheit, wird kristallin, transparent, bricht sich regenbogenhaft in purpurnen und smaragdenen Tönungen. Himmlische und irdische Architektur sind ineinander verschränkt, gehen ineinander über; was als irdische Architektur beginnt, gewinnt am Ort des Evangelistensymbols kristalline Struktur.
Das ist eine neue Form, die aus der Aufgabe folgt. Vorlagen gibt es in diesem Fall nicht. Der Grundriß dieser Bildbauten hat allerdings seine Entsprechungen in byzantinischer Kunst, als Exedra, als Thron, als Kulisse mit Eckrisaliten und einschwingendem Mittelbau, ist aber dort stets irdisch bestimmt, frei in der Landschaft stehend wie ein wirklicher Bau. Die karolingischen Maler kannten dergleichen, doch hatten sie Gründe,

das Modell vollständig umzubauen. Diese Erfindung einer irdisch-kosmischen Bedeutungsarchitektur ist eine Leistung der *Hofschule*. Sie folgt aus genauer Kenntnis der Literatur. Was mit den Vorbildern angestellt wurde, ist deutlich.

In anderen Fällen sind dieselben Gedanken im Spiel. So wird im *Medardus-Evangeliar* das Bild des *Lebensbrunnens* (Abb. 45, 47), reicher an farbigen Details und genauer auf den Text bezogen, wiederholt. Wie die „Anbetung des Lammes" gehört das Bild zu der Beweisführung des Prologs: Ecclesia als Paradiesbrunnen, dem die vier Flüsse entspringen, die in die vier Weltrichtungen sich ergießen, als Wasser des Lebens und des Heiligen Geistes, der Inspiration und der Taufe. Die vier Flüsse, die aus einer einzigen Quelle entspringen, verweisen auf die vier Evangelien und ihre Einheit in der Vierzahl. Ein Titulus, der im Frühen Mittelalter oft verwendet wurde, auch in Majestasbildern aus Tours, heißt: „Quattuor hic rutilant uno de fonte fluentes" (= Aus einer Quelle entspringen hier die vier Flüsse). Den gleichen Gedanken der ursprünglichen Einheit in der Vierzahl formulieren seit langem die architektonischen Umrahmungen der Kanontafeln, die Konkordanztabellen der Evangelien. Das bekräftigen im Medardus-

55 MARKUS. Wiener Krönungsevangeliar. Palastschule. Um 800. Wien, Schatzkammer Fol. 76b. Gegenbilder zur Hofschule, malerischer Stil ohne Architekturallegorien. Nähe zu antiker Tradition. Die Herkunft der Maler ist ungewiß, graeco-italische Herkunft wahrscheinlich. Entsprechend byzantinischer Tradition fehlen die Evangelistensymbole. Illusionistische Landschaft, tafelbildhafte Rahmung. Die Evangelisten sind in Haltung und Gebärde und ihrer Tätigkeit gemäß unterschieden. Dieser Stil hat den der Hofschule überdauert, war aber zunächst eine unzeitgemäße Randerscheinung.

56 DIE VIER EVANGELISTEN. Evangeliar. Hofschule. Um 800. Aachen, Münsterschatz Fol. 14b. Ort der vier Evangelisten ist die Welt, dargestellt als Landschaft, und zwar gemäß spätantiker Form als Terrassenlandschaft mit hohem Horizont. Das Bild gehört zu der Gruppe des Wiener Krönungsevangeliars, zeigt ungebrochenes Nachleben antiker Tradition; der Meister stammt vermutlich aus Italien. In der Anordnung der vier Evangelisten und ihrer Symbole Verweis auf die vier Weltgegenden als Geviert. Genaue Unterscheidung der Temperamente der vier Inspirierten.

57 LUKAS. Evangeliar des Erzbischofs Ebo. Reims. Vor 835. Epernay, Bibliothèque Municipale MS. 1, Fol. 90 v. Das Ebo-Evangeliar, stärkste malerische und skizzenhafte Leistung des Frühen Mittelalters, setzt den Stil des Wiener Krönungsevangeliars drei Jahrzehnte später mit gesteigerter malerischer Intensität fort, weit hinausgreifend über die Künste des Aachener Evangeliars (Abb. 56), gleichzeitig mit dem verwandten Utrecht-Psalter (Abb. 53, 54).

58 MAJESTAS DOMINI. Evangeliar. Tours. Um 830. Stuttgart, Württ. Landesbibliothek II 40, Fol. 1b. Am Beginn der bildnerischen Entwicklung der turonischen Werkstatt steht das Stuttgarter Evangeliar, dessen formale Elemente sämtlich spätantiken Bildzyklen entstammen. Die Unbeholfenheit der Details ist nach der artistischen Höhe der vorangehenden Werkstätten überraschend, doch bringt dieses Werk innerhalb der karolingischen Entwicklung einen neuen Ansatz, der in Tours konsequent weiterentwickelt wurde: Zum ersten Mal wird zum Leitmotiv einer karolingischen Werkstatt das Majestasbild; dargestellt mit den Mitteln einer allegorischen Weltgeometrie. So ist hier die „Mandorla" elliptisch nur deswegen, weil der gemeinte Kreis (= Sphaira) dem rechteckigen Bildformat angeglichen wurde.

AVRORAN MVNDVAETHERIOQ: ANIMALIA SENSV
HIC MVNDI CAELIQVE SEDET
REX SVM ... ET AVCTOR

Evangeliar die Bilder in den Bogenfeldern, die Evangelistensymbole, die in tänzerischer Haltung über dem Gläsernen Meer sich versammeln. Hier auch sieht man noch einmal ein Bild des *Lebensbrunnens* (Abb. 45), nun über dem Gläsernen Meer, an seinem „Weltort“. In einer anderen Kanontafel ist die Himmelfahrt Christi dargestellt, der die äußerste Grenze der Sphären, das Gläserne Meer, durchschritten hat und jenseits der Grenze erscheint. Die Motive und Formen bilden einen einheitlichen Kontext, in dem mannigfaltige, teils vorgeprägte, teils neugeprägte Details enthalten sind. Es handelt sich um große Allegorien, um Kombinationen von Metaphern und Symbolen. Die Bildgestalt folgt in der Hofschule aus schlüssig ineinandergreifenden, in den Texten und Kommentaren formulierten Gedanken.

Nach dem Tod Karls d. Gr. scheint diese Werkstatt ihre Tätigkeit eingestellt zu haben. In der Kunst der folgenden Jahrzehnte haben ihre Formulierungen kaum Spuren hinterlassen. Sie gehörten zum Hof Karls d. Gr. und zu der alkuinischen Gelehrsamkeit. Nur eine Werkstatt setzt mit erfinderischen Weiterbildungen die Tendenz der Hofschule bis zur Jahrhundertmitte fort, nämlich das *Skriptorium von Fulda*, etwa mit dem *Würzburger Evangeliar*, dessen *Lukas* (Abb. 40) eine Weiterbildung von Formen sowohl des Medardus-Evangeliars als auch des Trierer Ada-Evangeliars darstellt, die vielleicht durch ein verlorengegangenes Spätwerk der Gruppe gefördert wurde. Die Fuldaer Variante zeigt im übrigen erneut, in welchem Maß der Einfluß und die Kenntnisse einzelner herausragender Gestalten hier die Kunstformen bestimmen. Denn in Fulda wurde der bedeutendste Schüler Alkuins, *Hrabanus Maurus,* der enzyklopädische Geist und „Praeceptor Germaniae“, im Jahr 822 zum Abt gewählt (842 legte er die Abtswürde nieder, blieb aber noch bis 847 in Fulda).

Abgesehen von dieser bedeutenden Fortsetzung der Tendenzen der Hofschule war ihr Einfluß im 9. Jh. gering. Erst in ottonischer Zeit wurden ihre Prägungen erneut vorbildlich, zugleich aber auch Gegenstand produktiver Mißverständnisse und gründlicher Umwandlung.

Die Hofschule realisiert einige der Gedanken des gelehrten Kreises um Karl d. Gr. Überdies ist der präzise Einsatz artistischer Mittel charakteristisch. Das gilt nicht nur für Gestalt und Farben oder die Bildarchitektur, sondern auch für die Rahmenmotive.

Es ist auffallend, daß einige Themen fehlen, die man sonst als selbstverständliche Voraussetzung betrachten kann. Die *Majestas Domini*, später Zentrum der Bildwelt, ist hier unwichtig, gehört zu den seltenen Ausnahmen. Sie begegnet einmal zu Beginn im *Godescalc-Evangelistar* (Abb. 48), verschwindet dann und kehrt erst im späten *Lorscher Evangeliar* (Abb. 49) in ganz anderer Gestalt wieder. In der Gruppe des Wiener Krönungsevangeliars, die anderen Gesetzen folgt als die Hofschule, enthält nur das *Brüsseler Evangeliar* eine Majestas (Abb. 52). Auch dies ist ein Spätwerk, und in allen drei Fällen ist das Majestasbild auf die vier Evangelien zu beziehen, wenngleich die Bildgestalt unterschiedlich ist und keine gemeinsame Tradition die drei Bilder verbindet. Die Majestastypen waren gegenwärtig, sie wurden aber nur für besondere Zwecke eingesetzt. Sonst wurde das Thema eher gemieden. Das folgt aus karolingischer Kunsttheorie.
58 Zu den Erkenntnissen der *„Libri Carolini“* gehört die Schlußfolgerung, daß das Bild

Christi nicht realisierbar sei, da er sich allein durch das Wort offenbart habe. Die Libri Carolini reflektieren die Haltung des Kreises um Karl d. Gr. zum byzantinischen Bilderstreit. Das Resultat langer Diskussionen der „Akademie“ gilt als offizielle Stellungnahme Karls. Die Autorschaft war lange umstritten. Nach neueren Forschungen ist *Theodulf von Orléans* der Verfasser. Beide Positionen des Bilderstreits werden hier abgelehnt, die Libri Carolini wenden sich gegen die Maßlosigkeit der Bilderverehrer wie der Bilderfeinde. Gesucht wird das rechte Maß. Der besondere Zweck der Bilder wird umgrenzt, der Glaube an die Wunderkraft der Bilder abgelehnt. Das Bild der Venus kann danach einem Bild der Maria sehr ähnlich sein, nur die Unterschrift entscheidet darüber, ob ein „heidnisches Götzenbild“ oder ein Bild der Muttergottes gemeint ist. Die Bilder können gleich an Gestalt und aus demselben Material sein, sie stellen dasselbe dar, nur die Bezeichnung ist verschieden.

Bilder sind hier keine heiligen Gegenstände, sie sind dazu da, an Gestalten und Ereignisse zu erinnern, etwas ins Gedächtnis zu rufen, Gedanken zu formulieren.

In welchem Maß sie diese Aufgabe erfüllen, hängt nicht von der Heiligkeit der Gegenstände ab, sondern vom Können der Künstler. In den Libri Carolini sind die Bilder weltliche Gebilde und erst dadurch dem Geiste interessant.

Das Werk wendet sich vor allem gegen die *Idolatrie*. Gegenstände der Idolatrie sind Christusbilder, Madonnenbilder, Heiligenbilder. Alle drei Bildthemen kommen zur Zeit Karls d. Gr. kaum vor. Natürlich gibt es Ausnahmen, etwa in der Elfenbeinskulptur, aber das plastische Kultbild monumentalen Formats, idolatrieverdächtiger als alles andere, fehlt in karolingischer Zeit. In der Buchmalerei werden allein die vier Evangelisten regelmäßig dargestellt. Zwar handelt es sich hier um die Darstellung von heiligen Gestalten, nicht aber um Heiligenbilder. Sie bekräftigen vielmehr den Rang der Texte. Auch in den Libri Carolini ist immer wieder vom Vorrang der Schrift und des Wortes die Rede.

Die Bestimmungen der Libri Carolini wurden später, im Jahr 825, auf einer fränkischen Synode in Paris noch einmal diskutiert. Das Resultat war ein Gutachten, der *Libellus synodalis parisiensis*, der die Bestimmungen lockerte, den Bereich des Darstellbaren erweiterte, ohne daß der Vorrang der Gedanken und der Schrift aufgegeben worden wäre (Händler). Der Kompromiß folgt den vorhandenen Tendenzen. Sehr rasch erweitert sich danach die Skala der bildwürdigen Themen, in Reims beginnend, in Tours kulminierend, wo die zuvor vermiedene *Majestas Domini* ins Zentrum der Texte rückt, jedoch weiterhin als Gedankenbild, nicht als Kultbild oder Gegenstand wundergläubiger Verehrung.

In der unmittelbaren Nachbarschaft der ersten Werke der Hofschule, und zwar wahrscheinlich auch in Aachen, entstand im letzten Jahrzehnt des 8. Jh. das sog. *Wiener Krönungsevangeliar* (Abb. 55). In der nach diesem Werk benannten Gruppe (Köhler) finden wir ungebrochenes Nachleben einer intakten, durch nichts erschütterten spätantiken Form, die mit selbstverständlicher Virtuosität mühelos realisiert wurde. Zumal das Krönungsevangeliar wie das Aachener Evangeliar stehen durchaus fremd in ihrer Zeit. Köhler vermutet, der Künstler des Wiener Evangeliars müsse von Italien, wo es freilich Vergleichbares zu dieser Zeit nicht mehr gab, gekommen sein oder aus Byzanz, was wahrscheinlicher ist. Jedenfalls muß er das Können, das er im Krönungsevangeliar zeigt, dort erlernt haben, wo antike Form noch in starker Tradition weiterexistierte und Werke der Vergangenheit dem Lernenden zugänglich waren. Also in einer der alten Provinzen des Reichs. Er muß auch selber von dort stammen, denn diese Form war ihm selbstverständlich. Kein Künstler des Nordens hätte diese nahezu problemlose Sicherheit erreicht. Auf byzantinischen Ursprung verweist die Tatsache, daß in diesem Werk die Evangelisten ohne ihre symbolisch zugeordneten vier Wesen dargestellt sind. Byzantinische Formen sind auch die Nischenarchitekturen, und byzantinischer Gewohnheit entspricht es, der Miniatur durch die Nachbildung eines Bilderrahmens den Anschein eines Tafelbildes zu geben. In diesem Fall handelt es sich um ein prächtiges Exemplar mit innerer und äußerer Leiste, die ein Kyma mit Akanthusfries begrenzen.

Der Gruppe des Wiener Krönungsevangeliars gehören auch einige Werke an, die zwar anders konzipiert sind, in den wesentlichen Eigenschaften aber übereinstimmen: landschaftlicher Raum, Tafelbildrahmung, antikisierende Details, illusionistische Gesamterscheinung. Zu ihnen zählt neben dem *Brüsseler Evangeliar* (Abb. 52) das *Aachener Schatzkammerevangeliar* (Abb. 56). Das darin enthaltene Evangelistenbild ist ungewöhnlich, denn es vereinigt die vier Gestalten auf einem Blatt. Gegenüber dem Wiener Evangeliar erscheint der malerische Illusionismus noch uneingeschränkter das Bild zu bestimmen. In nuancenreichen Tönungen werden Gestalt und Landschaft eine Einheit. Wiederum gibt es in karolingischer Kunst nichts Verwandtes. Allerdings ist möglich, daß eine Tradition dieser malerischen Landschaftskunst von der Spätantike bis in die karolingische Zeit reichte. Man muß schon bis zu ravennatischen Mosaiken zurückgehen, um entfernt Vergleichbares zu finden. Auch in Sta. Maria Maggiore in Rom gibt es Bilder, die im Mosaik malerisch erscheinen. Und die Fresken von Sta. Maria Antiqua und Castelseprio (Bd. IV, Abb. 101) erweisen, daß sich diese „malerische" Darstellungsweise noch jahrhundertelang erhielt. In dieser Tradition steht das *Aachener Schatzkammerevangeliar*. Da hier auch die Evangelistensymbole dargestellt sind, ist zu vermuten, daß der Meister nicht aus Byzanz gekommen sein kann, sondern wahrscheinlich aus *Italien*. Erstaunlich wie die malerische Weiterbildung der spätantiken Terrassenlandschaft ist die psychologische Nuanciertheit der Gestalten; sie geht in der Vermeidung von Wiederholungen und in den Zuordnungen von Haltung und Gebärde so weit, daß man vermuten könnte, hier seien mit den vier Evangelisten zugleich die vier Temperamente gemeint, ein im übrigen naheliegender Gedanke.

Diese Gruppe von Handschriften blieb zu Lebzeiten Karls einigermaßen isoliert als Sonderfall einer von fern hineinreichenden andersartigen Tradition. Die Wirkung der *Palastschule* scheint erst nach dem Tod Karls d. Gr. begonnen zu haben, dann aber erwies sich gerade diese Gruppe als überaus folgenreich. Arbeiten dieser Werkstatt müssen dem in Reims tätigen Meister des um 835 entstandenen *Ebo-Evangeliars* (Abb. 57) vorgelegen haben, denn jenes Werk ist in vielen verwandt, wenngleich es sich durch unverwechselbare Individualität aus den vorgegebenen Zusammenhängen löst. Gemeinsam ist die Gestalt des Rahmens, der Tafelbildcharakter, der landschaftliche Raum. Auch bilden Figurenmotive und Umgebung eine Einheit, die freilich mit ihren Verzahnungen und Übergängen über die Konzeption des Aachener Schatzkammerevangeliars weit hinausgehen. Hier wird alles einander anverwandelt. Von heftigster Bewegung ergriffen erscheinen Gestalt wie Landschaft, strudelnd und von Wellen durchzittert, ganz in spitze, dicht beieinanderliegende Pinselhiebe aufgelöst. Rasch aufeinanderfolgend jagen von den Füßen bis zur Schulter dichtgestaffelte Gewandfalten sich schraubend empor. Nimbus und Körper, Raum und Figur sind von der vibrierenden Erregung gleicherweise ergriffen. An ihrem oberen Rand löst Landschaftliches sich auf, flammt und züngelt, Berg, Baum und Gewölk gehen ineinander über. Hier auch verfließt der Nimbus des Evangelisten mit seiner Umgebung, in der fern und klein, wie eine Ausgeburt chaotischer Wirbel, der inspirierende Stier erscheint, das kosmische Symbol.

Die Skizzenhaftigkeit dieser ungewöhnlichen Bilder, ihre malerische Konzeption und die Virtuosität, mit der hier Ausdrucksnuancen realisiert werden, sind weit entfernt von den präzisen Bildrechnungen der Hofschule. Keine der Eigenschaften des Ebo-Evangeliars würde man an dieser Stelle zu dieser Zeit vermuten. Aber in karolingischer Zeit ist Ungleichzeitiges benachbart und nebeneinander möglich.

Dem Ebo-Evangeliar steht der *Utrecht-Psalter* (Abb. 53, 54) so nahe, daß man beide

59 Majestas domini. Viviansbibel. Tours. Um 850. Paris, Bibliothèque Nationale MS. Lat. 1, Fol. 330b. Eines der Hauptwerke des Skriptoriums, charakteristisch für den Figurenstil, für die turonische Ikonographie und ihre Kombination geometrischer Weltsymbole. In den Bildecken (= Weltgegenden) die vier Evangelisten, in den Medaillons vier Propheten. In den Zwickeln zwischen Rhombus und Mandorla die Evangelistensymbole, im Zentrum auf der Sternensphaira thronend Christus als Kosmokrator in 8förmiger Mandorla. Christus als Zentrum der Welt und zugleich über ihr thronend. Interessant die Entfaltung und Abstufung der Bedeutung vom Zentrum nach außen und die Doppeldeutigkeit bei der Verwendung verschiedener Symbole verwandter Bedeutung (Mandorla und Sternensphäre). Zum Rhombus mit den Medaillons an den Ecken vgl. Abb. 64. Der Rhombus entstand durch Angleichung eines Quadrats an das Bildrechteck.

60 König Lothar. Lothar-Evangeliar. Tours. Um 850. Paris, Bibliothèque Nationale MS. Lat. 266, Fol. 1b. Das Werk entstand nach oder anläßlich der Versöhnung Kaiser Karls des Kahlen mit seinem Bruder. Das Bild des thronenden Königs Lothar ist auf herrscherliche Repräsentation angelegt. Haltung und Gebärde und die Attribute der Macht bestimmen den Bildbau.

61 Matthäus. Lothar-Evangeliar. Tours. Um 850. Paris, Bibliothèque Nationale MS. Lat. 266, Fol. 22b. Die Evangelistenbilder dieser Handschrift gehören in eine Serie von Variationen, an deren Beginn die des Stuttgarter Evangeliars stehen. Der hohe Sockel, ein „Steinthron", der dem Ebo-Evangeliar (vgl. Abb. 57) entstammt, reicht in eine Himmelszone hinein, deren Grenze der Wolkensaum bildet.

62 Genesis-Szenen. Grandvalbibel. Tours. Um 840. London, British Museum Add. MS. 10546, Fol. 5b. Die Grandvalbibel steht stilistisch dem Stuttgarter Evangeliar und seinem Umkreis näher als etwa der Viviansbibel. Die Genesisszenen der Grandvalbibel sind Rückgriffe auf ältere Tradition (Vorbild aus dem 6. Jh.). Die Szenenfolge beginnt mit der Erschaffung Adams und endet mit der Schilderung der Tätigkeiten Adams und Evas nach der Vertreibung aus dem Paradies. In ottonischer Zeit gewinnen diese Zyklen besondere Bedeutung als Ausgangsposition für den Meister der Hildesheimer Bronzetüren. 59

HIC EVANGELICAE QVATTVOR ATQVE TVBAE
ESA IAS
DANIHEL

◁ 6
61 ▷

HOC MATTHEUS AGENS
HOMINE GENERALIT IMPLET

Werke demselben Meister mit guten Gründen zuschreiben kann. Wenn schon vom Ebo-Evangeliar zur Gruppe des Wiener Krönungsevangeliars deutliche Distanz besteht, dann läßt sich ermessen, um wieviel größer die Distanz des Utrecht-Psalters zu spätantiken Psalterillustrationen anzunehmen ist, die der Meister gekannt haben muß. Denn es ist sicher, daß die Szenenfolge und die Details der Bildordnung einem Zyklus des 5. Jh. folgen.

Dennoch wirken die Federzeichnungen des Utrecht-Psalters wie in raschem Zugriff entworfen, skizzenhaft andeutend, weglassend und aussparend, probierend die Figur umkreisend. Dieser skizzenhafte Stil, der individuelle Duktus der hingeschriebenen Bilder ist so ungewöhnlich wie die malerische Subtilität des Ebo-Evangeliars. Es scheint, als habe der Zeichner, den alten Psalter betrachtend, rasch das Wesentliche skizziert, im Detail vielleicht manches weggelassen oder verändert, dabei aber im Bildbau annähernd der ursprünglichen Konzeption folgend.

Der Zyklus illustriert nicht einfach erzählend den Text, dazu sind die Psalmen nicht geeignet. Allerdings gibt es erzählerische Schilderungen von Situationen und gewaltige Auftritte wie die *Strafpredigt Nathans* (Abb. 54) vor dem betroffen zurückweichenden David, der den Urias beseitigen ließ, den Mann der Bathseba. Doch sind Szenen dieser Art Ausnahmen. Sonst paraphrasiert das Bild die Texte, stellt ihrer Metaphorik folgend die Gleichnisse und allegorischen Verweise auf Christus dar und die typologischen Entsprechungen der Psalmen zum Neuen Testament, denn zu den Zielen der Kirchenväter seit Irenäus gehörte der Nachweis der Einheit von Altem und Neuem Testament und ihrer typologischen Entsprechung. Die Illustrationen sind bildhafte Formulierungen eines den Text begleitenden allegorischen Kommentars.

Christus erscheint immer in der *Mandorla*, in unterschiedlichen Situationen bildet sie seinen Eigenraum, fast sein Gefährt, in dem er der Welt erscheint, sie durchreist und bei der *Himmelfahrt* (Abb. 53) verläßt. Die Rolle der Mandorla, ihre Funktion als Raum der Figur, ja als ihr Kraftfeld, hat spätantike Vorläufer, etwa in den *Mosaiken von Sta. Maria Maggiore in Rom* in der Mosesszene, wo die Steine der Verfolger an der Mandorla des Propheten abprallen, oder in der Szene der Erscheinung der drei Engel bei Abraham. Die Mandorla ist ein Leitmotiv mit unterschiedlichstem Bedeutungsgehalt, der in der karolingischen Kunst vom Kosmossymbol reicht bis zum Kraftfeld und Raum der Gestalt. Die Bedeutungen sind der des *Nimbus* verwandt, der zumal in Bildern der Inspiration des Evangelisten auch die Funktion eines als Lichtschein sichtbaren Kraftfeldes haben kann, das, von der inspirierenden Gestalt berührt, den „göttlichen Funken" überträgt. Auch in der Herkunft von Mandorla und Nimbus mischen sich verschiedene vorchristliche und außerchristliche Elemente, zu denen die „imago clipeata" gehört, aber auch östliche Bildungen, denn die buddhistische Kunst Indiens kannte die Mandorla schon früher.

Im Himmelfahrtsbild erscheint entsprechend der Intention und Vorgeschichte dieses Werks die Welt als Landschaft, mit Gebirgen und Tälern und von den Sphären umrundet, die der Kreis andeutet, sowie Sonne und Mond und den Symbolen der Evan-
62 gelisten. Christus durchschreitet die Grenze, den Rand der Welt. Das entspricht der

Bedeutung nach, bei einiger Differenz der Form, dem Himmelfahrtsbild des *Medardus-Evangeliars in Soissons* und zeigt, daß die Konventionen der Hofschule auch hier galten. Die Himmelfahrt ist eine Himmelsreise, ein Aufsteigen und Durchschreiten der Sphären. Sehr alte Vorstellungen mythischer Kosmologie und ekstatischer Entrückung sind gegenwärtig (Bousset). Die Entstehungszeit dieses Psalters, wie des Ebo-Evangeliars, ist umstritten. Die Datierungen schwanken von 820 bis zur Jahrhundertmitte. Ein wahrscheinlicher Mittelwert wäre zwischen 825 und 835, aber nicht später, denn die Spuren des Ebo-Evangeliars sind bald danach in der turonischen Werkstatt zu verfolgen, und von den Tendenzen zur Zeit Karls d. Gr. ist die Reimser Werkstatt hinreichend unterschieden, so daß eine, wenn auch geringe, zeitliche Distanz anzunehmen ist. Überdies ist wahrscheinlich, daß diese Werke zu der Zeit entstanden sind, als Ebo Erzbischof von Reims war (816-835).

Die Wirkung der *Reimser Werkstatt* ist weitreichend und mannigfaltig gebrochen. Sie ist zunächst in einer langen, weit in das 10. Jh. hineinreichenden Serie von Nachfolgewerken des Ebo-Evangeliars kenntlich, die unter anderem der *Werkstatt von Corbie* angehören. Das meiste ist, rasch an Prägnanz nachlassend, unbedeutend, auch finden sich seltsame Kombinationen mit anderen Gruppen von Vorbildern, unter anderem der Werkstatt von Fulda. Boinet verzeichnet ganze Serien derartiger Fortsetzungen, in denen die Reimser Form wieder zum Rohmaterial für ottonische Umbildungen wird. Unmittelbar und sehr stark ist die Wirkung in der *Werkstatt von Tours*, deren aufeinanderfolgende Stile freilich vom Stil des Ebo-Evangeliars deutlich unterschieden sind. Um die Jahrtausendwende bildet die *Kölner Werkstatt* diesen malerischen Stil weiter, während gleichzeitig die englische *Winchester-Schule* die zeichnerische Skizzenhaftigkeit des Utrecht-Psalters aufnimmt und weiterentwickelt. Die Wirkung reicht bis zur Mitte des 11. Jh.

Anglofränkische Manuskripte, unter denen ein sehr bedeutendes sich in Amiens befindet (Abb. 147), lassen immer noch die Herkunft vom Stil des Meisters des Ebo-Evangeliars erkennen. Ihre Form findet unmittelbare Fortsetzung in der französischen Skulptur der Romanik. Kein anderes einzelnes Werk des 9. Jh. hatte diese Ausstrahlung. Charakteristisch ist allerdings die rasche Brechung. Die Bilder wirken niemals als Ganzes: In Tours war die Gestaltbildung wichtig, Haltung und Gebärde, in Köln die malerische Form, aber ohne die Prägnanz der Zeichnung, in England aber gerade das Skizzenhafte, die dynamische Form und die Eleganz der Linienführung. Jedesmal wird nur eine Eigenschaft weitergeführt, oft vorsortiert und ausgefiltert durch Nachfolgewerke; auch ergeben sich mannigfaltige Interferenzen mit anderen Traditionen.

Welt als Architektur, Welt als Landschaft repräsentieren mit ihren Arsenalen von Metaphern und Symbolen und künstlerischen Präzedenzfällen vier der großen karolingischen Werkstätten. Weltgeometrie realisiert bei konstanter Bedeutung der unterschiedlichen Formen die *Schule von St. Martin in Tours*. Architektonische Tendenzen fehlen hier wie in Reims. In den Bilderrahmen siedelt anderes sich an. Die bildnerische Entwicklung setzt an dieser Stelle spät ein, beginnt erst um 830 mit dem *Stutt-*

garter Evangeliar (Abb. 58), aber die Hauptwerke entstanden in den späten vierziger Jahren und um die Jahrhundertmitte. In keiner der großen Werkstätten wird ja während der Blütezeit, die selten länger als zwei Jahrzehnte dauerte, das Bildmodell gewechselt. Die Kunstzentren sind Inseln, die bei regem Verkehr mit anderen Zentren ihre Selbständigkeit entwickeln oder behaupten. Es gibt keinen einheitlichen karolingischen Stil, aber ausgeprägte Werkstattstile, die untereinander wenig gemeinsam haben. Diese Werkstattstile sind abhängig von Traditionen und von der jeweils treibenden Kraft, vom Weltbild und vom Bildbegriff und vom Umfang und der Qualität der Klosterbibliothek, der hier versammelten Bilder und Texte.

Das Bildmodell von *Tours* ist noch einmal anders und neu. Es bildet sich aus geometrischen Kosmossymbolen, aus Erdkreis und Sphaira, Mandorla und Weltgeviert. Für die zweite Hälfte des Jahrhunderts ist diese Werkstatt die wichtigste, ihre Ausstrahlung reicht weit in die ottonische Zeit hinein (sichtbar zumal in Köln und Echternach).

Die Handschriften sind in *St. Martin in Tours* entstanden, einem der großen Klöster des Reichs. Im Jahr 776 wurde *Alkuin* Abt von St. Martin, aber Zentrum seiner Tätigkeit war weiterhin *Aachen*. Erst seit 801 soll er sich ständig in Tours aufgehalten haben, aber er starb schon drei Jahre später. Doch hat er der zukünftigen Entwicklung insofern vorgearbeitet, als er *Fridugisius*, einen seiner Schüler, nach Tours holte. Fridugisius war Angelsachse wie er selber. 807 wurde er Abt von St. Martin, 819 Kanzler Ludwigs des Frommen. Er starb im Jahr 834. Er galt als scharfsinnig und geistreich. Als einer der ersten wagte er, über die von seinen Lehrern innegehaltenen Grenzen hinauszugehen. Es scheint ihm auch Vergnügen gemacht zu haben, spitzfindig verschrobene Behauptungen aufzustellen. Doch schreibt Manitius: „...zuweilen waren übrigens die Behauptungen von Fridugisius ganz vernünftig, sie verstießen aber gegen wissenschaftliche und kirchliche Anschauungen der Zeit.“ Unter diesem Abt, der nicht ganz in das geläufige Bild zunehmender Verkirchlichung auch der Künste nach dem Tode Karls d. Gr. paßt, wurden die Voraussetzungen für die Blütezeit turonischer Malerei geschaffen. Gegen Ende seiner Regierungszeit entstanden nach einer Reihe vorzüglich ausgestatteter Manuskripte die ersten Bilderhandschriften. Seine Nachfolger, die Laienäbte *Adelhard* (bis 843) und *Vivian* (bis 851), waren fränkische Grafen mit ebenfalls engen Beziehungen zum Hof. Unter Abt Vivian zumal bestanden Verbindungen zu Karl dem Kahlen und Lothar I. *Tours*, das läßt sich behaupten, war die erste Hofschule Karls des Kahlen, die zweite bildete dann die Fortsetzung ihrer künstlerischen Tendenz. Sie wird in *St. Denis* lokalisiert. In der Umgebung dieses merkwürdigen Herrschers erreichte karolingische Gelehrsamkeit, über die sammelnden, enzyklopädischen Interessen der Anfänge weit hinausgreifend, ihren Höhepunkt im Werk des *Johannes Scotus (Eriugena)*, des gelehrten Iren und ersten Scholastikers. Die Produktion von Tours zeigt einige Nähe zu seinen Überlegungen. Das Ende dieser Werkstatt, die zu den interessantesten gehört, kam unvermittelt. Im Jahr 853 setzten die Wikinger, die zuvor schon einige andere Loire-Städte geplündert, gebrandschatzt und vernichtet hatten, der turonischen Tätigkeit ein Ende.

63 LUKAS. Dufay-Evangeliar. Tours. Um 850. Paris, Bibliothèque Nationale MS. Lat. 9385, Fol. 91b. Die ungewöhnliche Rahmung der Bilder verweist auf die Einheit der vier Evangelien, denn die vier Viertelkreise bilden insgesamt einen ganzen Orbis terrarum. Die Anregung zu dieser ungewöhnlichen Bildgliederung kam vermutlich von den Evangelistenbildern der Viviansbibel (vgl. Abb. 59). Ähnliche Vierteilungen des Kreises mit verwandter Bedeutung sind in Spätantike und Mittelalter nicht selten. Vgl. Abb. 65.

64 WELTDIAGRAMM. Astronomische Handschrift. Salzburg. Um 818. Wien, Österr. Nationalbibliothek Cod. 387, Fol. 134 l. (Zitat zu Abb. 59.) Die Ähnlichkeit des Schemas mit dem Majestasbild der Viviansbibel ist deutlich, die Bedeutung als Weltsymbol dieselbe. Hier bedeutet das innere Quadrat die Erde, dreigeteilt in die Kontinente Europa, Africa und Asia. In den Kreisen an den Ecken sind die Himmelsrichtungen angegeben, die Medaillons in den Zwickeln enthalten die Namen der vier Elemente; in den Zwischenräumen liest man ihre Eigenschaften (kalt, trocken, feucht, heiß). Das Schema ist für das m.a. Weltbild charakteristisch. Seine Übertragung auf das Majestasbild war möglich durch die Kosmokrator-Vorstellung und durch die Allegorischen Bedeutungen der vier Evangelien.

65 WELTDIAGRAMM. 12. Jh. Cambridge, Gonville and Caius College MS. 428, Fol. 22r. (Zitat zu Abb. 63.) Das Bild gehört zu einer Folge von Weltallegorien, deren Grundlage die Zahl Vier und deren Darstellungsform der viergeteilte Kreis ist. (Man kann dieses Bild hier zitieren, obgleich es drei Jahrhunderte später entstanden ist, weil es mit Sicherheit auf frühere Vorbilder zurückgeht).

66 DICHTER (HERODOT?) UND MUSE (CLIO). Detail eines Elfenbeinreliefs. Gallien. 5. Jh. (?) Paris, Musée du Louvre. 29×7,5 cm. (Bildzitat zu Abb. 61 und 63.) Das Bildganze stellte die neun Musen mit Dichtern dar, verteilt auf drei Tafeln, von denen zwei erhalten sind. In der gebannten Haltung und Gebärde der Dichter geht das Relief turonischen Evangelistenbildern voran.

67 DAVID ALS WELTENMUSIKER. Viviansbibel. Tours. Um 843–851. Paris, Bibliothèque Nationale MS. Lat. 1, Fol. 215 v. Gegenbild zur Majestasdarstellung der Viviansbibel. (Vgl. auch Majestas des Stuttgarter Evangeliars, Abb. 58.) David (= Christus = Orpheus) ist zugleich Herrscher und Musiker. Zum Herrscher gehören die beiden Krieger (Crethi und Plethi), zum Musiker David die vier Instrumentalisten. Ihre Anordnung entspricht hier den vier Evangelisten im Majestasbild, auf das sich diese Bildform bezieht.

68 ANBETUNG DES LAMMES. Codex Aureus aus St. Emmeram, Regensburg. St. Denis (?). Um 860. München, Bayer. Staatsbibliothek Clm 14000, Fol. 6r. Nachfolgewerk der turonischen Werkstatt, mit verwandten Details und ähnlicher Tendenz zu kosmologischer Motivierung. Zu der näheren Verwandtschaft dieses Bildes gehören Sternkarten. (Vgl. Abb. 69.)

69 STERNKARTE. St. Gallen. Kopie des 10. Jh. nach karolingischem Vorbild. St. Gallen, Stiftsbibliothek Cod. 250. (Bildzitat zu Abb. 68.) Das Bildschema ist Voraussetzung der Anbetung des Lammes im Codex Aureus aus St. Emmeram.

70 KÖNIG DAVID. St. Denis. Zwischen 842 und 869. Paris, Bibliothèque Nationale Cod. Lat. 1152 Psalter Karls des Kahlen, Fol. 1v. Wichtig wiederum die Vierzahl der Begleiter, die in der Inschrift hervorgehoben wird. Die bloße Anzahl genügt bereits als Anspielung auf Christus mit den vier Evangelisten. „Malerischer" Stil, in der Nachfolge von Reims und Tours. (Vgl. Abb. 68, 71, 72.)

71 GREGOR DER GROSSE. Sakramentar Karls des Kahlen. Hofschule Karls des Kahlen. St. Denis. Um 860. Paris, Bibliothèque Nationale MS. Lat. 1141, Fol. 3. Der Papst, von der Taube des Heiligen Geistes inspiriert, diktierend. Bildgliederung verwandt dem Codex Aureus aus St. Emmeram und charakteristisch für die Werkstatt.

72 MAJESTAS MIT SERAPHIM. Sakramentar Karls des Kahlen. Hofschule von St. Denis. Um 860. Paris, Bibliothèque Nationale MS. Lat 1141, Fol. 6. Die Christusgestalt deutlich von Tours abhängig (vgl. Abb. 59). Dieses und verwandte Werke der Hofschule Karls des Kahlen waren Vorbild für die Elfenbeinreliefs Tuotilos von St. Gallen. (Vgl. Abb. 87.)

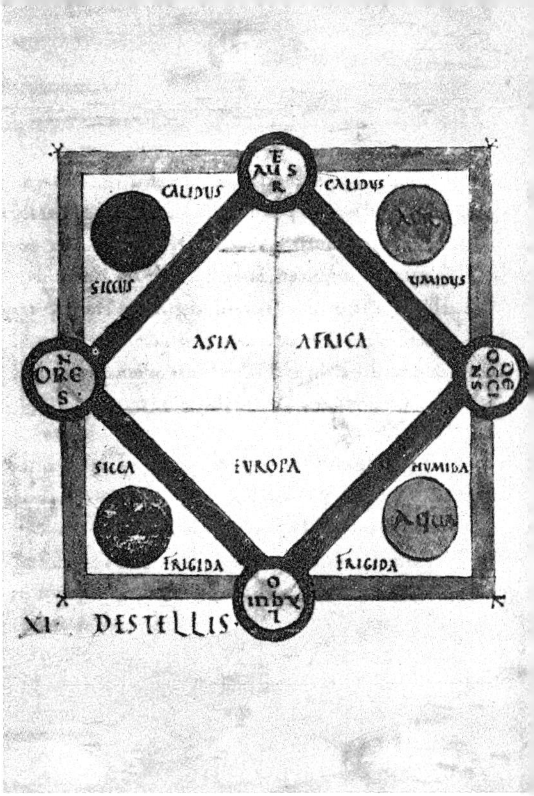
CALIDUS
CALIDUS
SICCUS
HUMIDUS
ASIA
AFRICA
EUROPA
SICCA
HUMIDA
FRIGIDA
FRIGIDA
AQUA
XI. DESTELLIS

△ 63 ▽ 65 △ 64 ▽ 66

ASAPH
AEMAN
DAUID REX ET PROP
CERETHI
ET PHE LETHI
ETHAN
IDITHUN
FORTITUDO

OMNIA QUAE PRAESENS TELLUS
ET MARIS HAEC SALES LIMBO CIRCUMVENIT
AGNE DM SOLIO TE MET VENERANTUR
COETUS APOSTOLICUS SERTIS CAELESTIS
LAUDAT ADORAT AMAT DEVOTO PECTORE
ET PRINCEPS KAROLUS VULTU SPECULATUR
ORANS UT TECUM VIVAT

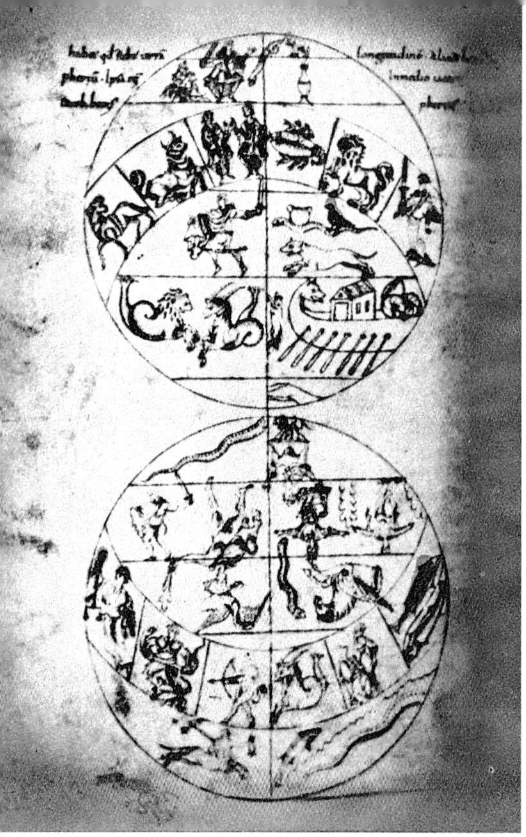

△ 69 ▽ 71 △ 70 ▽ 72

Die Anfänge bleiben, spätantike Vorbilder umbildend, hinter den früheren Werkstätten zurück. Zu den konstanten Motiven gehört nun die *Majestas Domini* als Zentrum der Evangeliare und Bibeln. Bereits das *Stuttgarter Evangeliar* (Abb. 58) enthält eine Majestas Domini, eines der ersten voll ausgebildeten Majestasbilder, mit allen Kennzeichen, die dann später immer wieder begegnen: der großen, dem Bildrechteck einbeschriebenen Mandorla, den vier Evangelistensymbolen, dem blauen Grund der sich öffnenden Himmel, gemäß dem „aperti sunt coeli" der Vision des Ezechiel, die man, wie Hieronymus zu bedenken gibt, nicht als „divisio firmamenti", also kosmologisch, mißverstehen dürfe; aber so wurde das ungeachtet seiner Warnung immer dargestellt. In dieser Werkstatt wird die Majestas Domini zum Leitmotiv und verbindlich für alle späteren Varianten. Die anderen Motive, der Thron Christi als Erde, die Mandorla als Sphaira mit gestirntem Hintergrund, sind sämtlich älter. Sie reichen zurück bis zur Ezechielvision in der Apsis von Hosios David in Thessaloniki.
Die Evangelistensymbole umgeben die Mandorla, ein Geviert bildend. Sie verweisen auf die Evangelien wie auf die Weltrichtungen, auch die Mandorla selbst ist ein Bild des Kreises und der Sphaira, die derart zweimal mit verschiedenen Zeichen im Bild vorkommt. Der *Kosmokrator*, der „Rex summus et auctor mundi et caeli", thront auf der Sphaira und wird zugleich von ihrem Zeichen umgeben, ist innen und außen zugleich. Die merkwürdige und paradoxe Bildkonstruktion hat ihre Entsprechung in philosophischen Erwägungen über den Ort Gottes, die wenig später Johannes Scotus scharfsinnig weiterentwickelt hat.
Das Majestasschema wird in der Werkstatt von Tours angereichert und variiert. Dem *Stuttgarter Evangeliar* folgen einige Werke, die bei geringen Stilunterschieden keine neuen Kombinationen bieten. Die Gestaltbildung hat spätantike Vorbilder, deren Aussehen man rekonstruieren kann. Die Gesamtkonzeptionen aber, die für den Werkstattstil entscheidender sind, folgen den zu dieser Zeit und an diesem Ort möglichen und zugänglichen Gedanken. Unter diesem Dach vereinigen sich dabei sehr verschiedene Stile und Ableitungen von Vorbildern. Die Hauptwerke der *Werkstatt von Tours* entstanden in den vierziger Jahren: die Grandvalbibel, das Lothar-Evangeliar, die Viviansbibel, das Dufay-Evangeliar. Das *Majestasbild der Viviansbibel* (Abb. 59) reichert den vorhandenen Kontext von Weltsymbolen weiter an. Der große Rhombus mit den Medaillons an den Ecken, der dem Bildrechteck einbeschrieben ist, folgt einem geläufigen Weltmodell, wie es etwa eine wenige Jahrzehnte zuvor entstandene *Salzburger Handschrift* (Abb. 64) zeigt. Dort handelt es sich um ein Weltgeviert mit dem einbeschriebenen, auf die Spitze gestellten Quadrat, den eingezeichneten Weltteilen und den vier Elementen in den Medaillons sowie der Zuordnung ihrer Eigenschaftspaare. Das Modell liefert die Möglichkeit, den typischen Majestaszusammenhang zu erweitern. In den Medaillons erscheinen vier Propheten in Halbfigur. Sie stehen in näherer Beziehung zu den Symbolen der Evangelisten. Diese sitzen schreibend und meditierend, von Wolken gesäumt, in den vier Bildecken, „an den vier Enden der Welt". Die Bildgliederungen der *Evangelistenbilder des Dufay-Evangeliars* (Abb. 63), die nahe verwandt sind, bestätigen den Gedanken: Insgesamt ergeben die vier

Viertelkreise, die dort das Bild teilen, einen viergeteilten ganzen Kreis, dessen Sektoren die vier Weltgegenden repräsentieren.

Derartige *Diagramme* waren noch lange geläufig (Abb. 65), charakteristisch ist, daß sie hier eingesetzt werden, um Rang und Ort des Kosmokrators und der Evangelisten entsprechend den allegorischen Konstruktionen der Patristik anschaulich zu bekräftigen. Das Bildgeviert bedeutet die Welt. Zugleich ist eine Rangordnung deutlich, die in der Bildmitte kulminiert. Dort thront der weder innen noch außen befindliche, sondern alles umfassende und in allem enthaltene Kosmokrator. Das reale Kosmosmodell, das dem ptolemäischen entspricht, wird daher in umgekehrter Reihenfolge aufgefächert, denn die Rangordnung überlagert die Weltordnung, Heilsgeschichte und geometrische Weltmodelle sind so ineinander verschränkt, daß das eine den – umgekehrten – Rahmen für das andere abgibt, die Übersetzung von Gedanken in Zeichen ist vollständig. Natürlich ist dies allein nicht entscheidend. Zumal Viviansbibel, Dufay-Evangeliar und Lothar-Evangeliar füllen die geometrischen Rahmen mit Gestalten, deren Bau und Bewegung über die Anfänge der Werkstatt weit hinausreichen. Die kreiselnden Gewandstrudel, auch Einzelheiten der Umgebung, die Steinsitze und sesselartigen Throne, sind Weiterbildungen von Formulierungen des Ebo-Evangeliars. Die stärkeren Farbkontraste entsprechen eher byzantinischen Gewohnheiten, und der Christustyp ist byzantinischen (allerdings in Halbfigur erscheinenden) Pantokratortypen verwandt. Kopfform und Haartracht der bärtigen Evangelisten erinnern an den *Codex Rossanensis.*

Die Themen und die formalen Möglichkeiten dieser Werkstatt sind reichhaltiger als zuvor. Nicht nur das Majestasbild kommt hinzu, nicht nur wird das Thema „Inspiration des Evangelisten" im *Lothar-Evangeliar* (Abb. 61) weitergebildet zu gesteigerter und halsbrecherischer Zuordnung von Gestalt und inspirierendem Symbol, wobei die Gestaltbildung durchaus ihre Vorformen hat (Abb. 66). Auch werden andere Themen aufgenommen und variiert.

Bilder *Davids*, des Königs und Propheten, des Dichters und Musikanten, sind in spätkarolingischer Zeit nicht selten. Den Beinamen David erhielt in seiner illustren Tafelrunde bereits Karl d. Gr., der Freund der Dichter und Gelehrten. Diese identifizierenden Beinamen der Mitglieder der Hofschule waren ein humanistischer Brauch, den Alkuin aus angelsächsischen Klöstern mitbrachte und der noch im 15. und 16. Jh. begegnet. Doch gab es zur Zeit Karls d. Gr. keine als Davidsbilder motivierten Herrscherbilder, und die späteren beziehen sich nicht unmittelbar auf den Herrscher.

Einzigartig ist das *Davidsbild der Viviansbibel* (Abb. 67). Die große blaue Mandorla, dem Bildrechteck eingefügt, hat die gleiche Bedeutung wie sonst. In ihrer Mitte schreitet David auf einem Wolkensaum in fast tänzerischer Haltung schwebend vorüber. Vier Musiker begleiten ihn, zwei Wächter stehen zu seiner Seite, die Namen werden angegeben, die Inschrift erläutert: David, Rex et Propheta. Die vier Musiker verweisen auf die „breite Symbolik der Vierzahl" (Steger), die beiden Krieger auf den herrscherlichen Rang. Die Entsprechung zur Majestas zeigt die Bildgestalt. Die Musiker gehören in die Nachbarschaft der Evangelisten, auf die vier Weltgegenden spielen

auch sie an. Die Tugenden in den Zwickeln gehören zu den Tugenden des Herrschers zwar, aber näherhin zu den vier Temperamenten und ihrer durch die ausgleichende Wirkung der Musik hergestellten Harmonie. David wurde mit Christus und mit Orpheus in Verbindung gebracht, ist zumal Vorgestalt Christi. Das Bild meint den Weltenmusiker David, der mit Christus identisch wird, den Urheber der Sphärenharmonie.
Zu den neuen und erneuerten Bildthemen gehören Herrscherbilder (Abb. 60) und szenisch-allegorische Zyklen (Abb. 62). *Herrscherbilder* hat es im 9. Jh. wohl zuvor schon gegeben, Bilder Karls d. Gr. mögen existiert haben, obgleich in keinem Fall – Münzbilder nicht gerechnet – eine genauere Beziehung zu Kaiser Karl nachweisbar ist. Die *Metzer Reiterstatuette* (Abb. 81) ist ein Sonderfall; in den Codices kam dergleichen nicht vor. In Tours dagegen wurden Herrscherbilder auch den Codices hinzugefügt: das Bild *Lothars* im *Lothar-Evangeliar* (Abb. 60), das Bild *Karls des Kahlen* in der *Viviansbibel*, und, in der Nachfolgewerkstatt von Tours, St. Denis, das Bild *Karls des Kahlen* im *Codex Aureus aus St. Emmeram.*
Die Bilder sind hinreichend verschieden. Das Bild der Viviansbibel zeigt die Übergabe des Buches durch die turonischen Mönche, ist ein Widmungsbild, das Bild Lothars ist auf die thronende Gestalt des karolingischen Herrschers, den zwei Vasallen begleiten, konzentriert. Starke und kunstvoll eingesetzte einfache Farbkontraste bekräftigen die Mächtigkeit der Gestalt: Blau und Rot dominieren, Schwarz-Weiß-Gelb kommen hinzu, die geometrische Struktur des Throns bildet das Gerüst.
Von porträthafter Ähnlichkeit kann hier freilich nirgends die Rede sein. Die Gestalttypen und die Gesichtsbildungen folgen dem allgemeinen Werkstattmodell.
Die *Herrscherbilder* haben mit den Weltallegorien wenig gemeinsam. Erst in der Nachfolge von Tours, im Codex Aureus aus St. Emmeram, bezieht sich das Bild des unter dem Baldachin thronenden Herrschers, *Karls des Kahlen*, unmittelbar auf die gegenüber dargestellte apokalyptische Szene der *Anbetung des Lammes* (Abb. 68). Der Kaiser thront, begleitet von Vasallen und Personifikationen der Provinzen, unter dem Baldachin und erblickt als Gegenüber die apokalyptische Szene. Sie ist von ihrer früheren Formulierung im Medardus-Evangeliar merklich unterschieden. Von Weltarchitektur ist dies weit entfernt. Ort und Raum der apokalyptischen Greise entsprechen der Weltgeometrie von Tours. In diesem Fall ist die Nähe zu *Sternkarten* evident, Bildern der Sphaira mit eingezeichneten Sternbildern und dem Tierkreis aus den mannigfach kopierten *Aratus-Handschriften* (Abb. 69). Der allgemeinen Bedeutung dieser Szene ist die Komposition im übrigen gemäß. Mit dem Bild ist das Ende einer Entwicklung annähernd erreicht, die von der allegorischen Weltarchitektur des Medardus-Evangeliars und der Hofschule Karls d. Gr. bis zur Hofschule Karls des Kahlen reicht, der Nachfolgewerkstatt von Tours. Danach kommt wenig Neues. Allerdings wurden, wie der Codex Aureus zeigt, die turonischen Modelle in *St. Denis* weiterentwickelt (wahrscheinlich auch in Reims und Corbie). Das *Majestasbild* im *Sakramentar Karls des Kahlen* (Abb. 72) entspricht in seinen Einzelheiten sowohl dem turonischen Majestasschema als auch der Gestaltbildung und dem Stil des Codex Aureus. Eine der Fortsetzungen dieser Bildordnung findet sich in St. Gallen, und zwar

in der *Elfenbeinschnitzerei* (Abb. 87). Auch sonst geht kaum eine der turonischen Kombinationen von Bildelementen gänzlich verloren. Noch im 9. Jh. sind die Nachfolgewerke mannigfaltig.

Das komplizierte Geflecht der Werkstätten des 9. Jh. ist mit dieser Übersicht nicht vollständig beschrieben, die ikonographischen Beziehungen sind komplizierter, die Kunsttopographie ist reicher. Von *Metz* war gar nicht, von *Corbie* nur am Rande die Rede. Das *Metzer Drogo-Sakramentar* wäre zu zeigen gewesen, auch ein so aufwendiges und prächtiges Nachfolgewerk der turonischen Prägungen wie die *Bibel von S. Paolo fuori le mura in Rom*. Sichere Auskünfte über das ganze vielgestaltige Netz sind noch nicht möglich, aber die Knoten des Netzwerks sind sichtbar, ihre Bedingungen gelten auch andernorts, und die Nähe zur Literatur ist immer wieder hervorzuheben. Die paradox konstruierten Bilder und ihre Widersprüche kann man weder auf Unvermögen noch auf eine „andere Sehweise" abschieben. Sie folgen Gedanken und spitzfindigen Spekulationen.

73 Die Flucht des hl. Paulus. Detail. Fresko. Naturns, St. Patroklus, 9. Jh. (?). Paulus flieht aus Damaskus, indem er sich an der Stadtmauer abseilt. Naive und kunstlose Bilderzählung („Bodenvegetation"); weit entfernt von den Subtilitäten des engeren Umkreises der Herrscher. Interessant aber für die Ungleichzeitigkeit und Ungleichförmigkeit der karolingischen Kunstentwicklung. So ist das Mäanderband unten viel raffinierter als die Figur.

74 Freskenfragment aus Lorsch. Anfang 9. Jh. Spärlicher Rest einer Figur, der erstaunliche Kenntnis antiker Tradition zeigt. Vergleichbar in der Buchmalerei etwa die Gruppe des Wiener Krönungsevangeliars. Der Gegensatz zum vorigen Bild illustriert, wie sehr die Wirkung der Renovatio auf den engeren Kreis des Hofes beschränkt blieb.

75 Die Bundeslade. Apsismosaik. Germigny-des-Prés, Oratorium des Theodulf von Orléans. 799–818. Das einzige vollständig erhaltene karolingische Mosaik. Teil eines gelehrten Bildprogramms, mit dem Theodulf, Bischof von Orléans, seine Villa und das Oratorium ausstattete. Entsprechend der Tendenz der Libri Carolini in der Bildmitte kein Gottesbild, sondern ein symbolischer Hinweis. Die Gestalten zeigen einige Verwandtschaft zu den Gestaltvorstellungen der Hofschule Karls des Großen.

76 Die Heilung des Taubstummen. Fresko. Müstair, Johanneskirche. Ende 9. Jh. Ein Bild aus einem umfangreichen erzählerischen Bildprogramm. In den Details von Architektur und Rahmung sind noch Formen römischer Freskomalerei erkennbar. Zugleich sind Werke dieser Art wichtig als Voraussetzung ottonischer Malerei. (Vgl. Abb. 127.) Der Bildbau entspricht dem erzählerischen Ziel und der Bedeutung der Gestalten, die Hauptgruppe versammelt sich in der Mitte, Christus ist größer als die Begleiter. Gesten und Gebärden (in der Mitte die heilende Gebärde Christi) sichern den szenischen Zusammenhang, der in den Gesichtern und Gestalten, schematischen Wiederholungen, keine Entsprechung hat.

77 Steinigung des hl. Stephanus. Fresko. Auxerre, St. Germain, Stephanuskapelle. Vor 859. Interessante Bildgliederung, für die es sonst aus dieser Zeit kein Beispiel gibt: asymmetrisch, links abkürzende zeichenhafte Darstellung für „Stadt" und die Steiniger, rechts die leere Fläche, in die die Hand Gottes hineinragt. Dorthin strebt in die Knie sinkend Stephanus. In den Resten, zumal der Gesichter, erkennt man eine bemerkenswerte Kunst der Charakterisierung, die über den Durchschnitt (Müstair, Abb. 76) hinausragt. Vergleichbares ist innerhalb der Freskomalerei dieser Zeit nicht bekannt. Am nächsten stehen noch die Miniaturen der Hofschule Karls des Kahlen.

△ 73

△ 74

▽ 75

76

77

Der reichen und vielgestaltigen Buchmalerei muß ursprünglich eine wenn nicht qualitativ, so doch quantitativ vergleichbare Entfaltung der Monumentalmalerei, der Wanddekoration in *Fresko* und *Mosaik* entsprochen haben. Die Kirchen waren bemalt. Der reale Bau bildete den bedeutungsvollen Rahmen, nicht anders als die gemalte Architektur in der Buchmalerei, und die symbolischen Formen realer Architektur hatten dieselbe symbolische Bedeutung wie jene Abbilder und Zeichen. Eine Kirche ohne farbige Ausstattung galt als unvollständig. Über den Reichtum ihrer vom Goldglanz überstrahlten Bildwelt gibt es zeitgenössische Berichte, und die überlieferten *Tituli* zeigen den Umfang der Bildprogramme. Die Berichte sind feierliche Übersteigerungen; ob die Bilder hielten, was die Tituli versprachen, steht dahin. Aus der Zeit Karls d. Gr. sind nur wenige Reste bekannt. *Freskenfragmente aus Lorsch* (Abb. 74), um 800, zeigen technische Meisterschaft in der nuancenreichen Durchbildung der organischen Form noch im Bruchstück eines Gesichts, das nicht viel mehr als das Auge enthält. Die Nähe zu den Tendenzen der Hofschule ist evident, näherhin die Kenntnis antiker Form, vermittelt durch Byzanz. Die figuralen Fragmente aus Lorsch bestätigen den Zusammenhang.

In *Aachen* befanden sich große *Historiengemälde*, die verloren sind. Auch das *Kuppelmosaik* in der *Pfalzkapelle* ist nicht erhalten. Eine spätere Zeichnung des 15. Jh. gibt nicht mit Sicherheit den ursprünglichen Zustand wieder. Umstritten ist, ob in der Kuppel die Majestas Domini oder die Anbetung des Lammes dargestellt war.

Das einzige vollständige (nur geringfügig veränderte) *karolingische Mosaik* befindet sich in der Kirche des *Theodulf von Orléans*, in *Germigny-des-Prés* (Abb. 75). Theodulf war einer der beherrschenden Männer am Hof Karls. Das Apsismosaik stellt die Bundeslade begleitet von Seraphim dar; nach seinem architektonischen Ort steht es an der Stelle einer Majestas als indirektes, symbolisch verweisendes Bild des bildlich nicht Darstellbaren. Der ikonographische Kontext der Bundeslade, die in den Libri Carolini eine gewisse Rolle spielt, ist vielschichtig wie der stilistische. Das Mosaik gehört in den Bereich der Hofschule. Ähnlichkeiten mit Formen des Abbéville-Evangeliars sind im Detail kenntlich. Anderes verweist auf die Verarbeitung römischer und byzantinischer Vorbilder, und bei der ganzen Komposition hat mit einiger Wahrscheinlichkeit die spanische Herkunft des gelehrten Auftraggebers eine Rolle gespielt. Von den übrigen Teilen der Mosaikdekoration der Kirche ist nichts erhalten. Vorhandene Fragmente wurden noch im 19. Jh. zerstört. Bekannt ist dagegen, daß Theodulf in der angrenzenden prächtigen Villa Bilder der vier Jahreszeiten und der sieben Artes liberales anbringen ließ.

Die Reste und die Quellen zeigen, daß die künstlerischen Ziele der Hofschule auch in der monumentalen Malerei dann realisiert wurden, wenn der Auftraggeber, wie Theodulf, in näherer Beziehung zum Hof Karls d. Gr. stand. Was außerhalb der Reichweite dieser Ausstrahlung sich ansiedelte, kann man mutmaßen. Auch die „Untergrundvegetation" der Buchmalerei ist ja vielgestaltig. *Fresken* aus dem späten 9. Jh. befinden sich in *Müstair* (Graubünden, Abb. 76), *Mals* (Tirol), *Naturns* (Tirol, Abb. 73), in der Krypta von *St. Maximin in Trier* und (vor 859) in der Stephanuskapelle von *St. Germain in Auxerre* (Abb. 77). Eine seit langem konstant gebliebene Tradition reicht in *Rom* bis über das 9. Jh. hinaus. Dies alles bildet einen vielgestaltigen Hintergrund bei einiger Entfernung von den vorantreibenden Leistungen. Der vollständigste Zyklus ist in *Müstair* erhalten. Lokale Tradition überkreuzt sich mit den späten Schatten frühchristlicher Kunst. In diesem ganzen Bereich dominiert die oft naive Bilderzählung von Heiligenlegenden und Wundergeschichten des Evangeliums, die sonst in der karolingischen Malerei der großen Werkstätten unerhebliche Randerscheinungen oder in allegorischen Kontext eingefügt waren. Immerhin zeigt sich darin, daß die langen Bilderzählungen ottonischer Malerei fast ausschließlich im Fresko ihre Bildtradition hatten. Dergleichen gehört auch zu den Voraussetzungen der Fresken von *Reichenau-Oberzell* (Abb. 127).

KAROLINGISCHE PLASTIK UND SKULPTUR

Im Jahr 801 ließ Karl d.Gr. aus *Ravenna* ein großes *Reiterstandbild Theoderichs* nach *Aachen* kommen und dort aufstellen. Das Bildwerk, das vielleicht nicht ursprünglich auf Theoderich gemünzt war, sondern einen spätrömischen Kaiser darstellte, ist nicht erhalten. Die Aufstellung hatte mannigfaltige Gründe, die bis heute zum Teil umstritten sind. Jedenfalls gehört das Monument zu denjenigen Werken, die den Rang Aachens als „Roma nova" bekräftigen sollten. Die große Reiterbronze bestätigt im übrigen die Möglichkeit monumentaler Plastik am Hof Karls. Auch die technischen Voraussetzungen waren vorhanden. Die *Bronzetüren* und *Bronzegitter* der *Pfalzkapelle* gelten als technisch vollkommen, und die Werkstatt befand sich in Aachen. Man konnte also große und schwierige Güsse technisch bewältigen. Die Gitter und Türen sind ornamentale Gebilde, die während der Bauzeit der Pfalzkapelle und im Zusammenhang mit den Bauphasen entstanden. Wie die Ornamententwicklung erweist, erreichte die Werkstatt in den späteren vegetabilischen Ornamenten erstaunliche Nähe zu antiker Form. Figurale Werke sind außer den *löwenköpfigen Türklopfern* (Abb. 78) nicht erhalten. Auch sie zeigen das Streben nach organischer Körperform.
Umstritten sind Datierung und Bedeutung einer kleinen *Reiterstatuette aus der Metzer Kathedrale* (Abb. 81), die sich heute im Louvre befindet. Sie gilt als Reiterbild Karls d. Gr., doch schwanken die Meinungen zwischen Erinnerungsbild, Porträt und später Idealisierung. Entsprechend wechselt die Datierung zwischen 810 und 860. Gilt das erste Datum, ist eine Entstehung in Aachen wahrscheinlich, gilt das letzte, ist die Arbeit wahrscheinlich in Metz entstanden. Sie ist überdies nicht einheitlich, obgleich die Teile des Gusses aufeinander abgestimmt wurden. Die Antikennähe des Pferdes macht eine frühe Entstehung wahrscheinlich, die der Reiter dann nicht bestätigt. Das überlegen und sicher modellierte Gesicht könnte in der Tat ein Porträt sein. Die „missing links" sind verlorengegangen, so daß sichere Beweise schwierig oder unmöglich sind.
Das gilt auch für die *monumentale Steinplastik*. Sie hat wohl keine beherrschende

Rolle gespielt, aber sie muß existiert haben. Das erweisen Bruchstücke, die bei Ausgrabungen in *Lorsch* gefunden wurden: ein Fuß mit karolingisch geschnürter Sandale, ein Fragment eines Engels sowie ein *Kopf einer großen Steinfigur* (Abb. 79), das bedeutendste Stück: ein großformiges, weich und präzise moduliertes Gesicht, deutlich ein Resultat karolingischer Antikenrezeption, das sowohl den Lorscher Freskenfragmenten nahesteht wie dem Gestaltideal des Trierer Ada-Codex.

Was sonst aus diesem Zeitraum an figuraler Plastik und Skulptur größeren Formats erhalten ist, kann weder als charakteristisch für die karolingischen Tendenzen gelten noch ist die Zugehörigkeit zu dieser Epoche in jedem Fall gesichert. Die *Kaiserstatue in Müstair*, eine Stuckfigur, die nach einer spätgotischen Inschrift Karl d. Gr. darstellen soll und nach anderen Indizien jedenfalls einen karolingischen Herrscher meint, ist wahrscheinlich im 9. Jh. entstanden, im übrigen aber zu provinziell, als daß man aus dieser Figur Schlüsse auf die figuralen Möglichkeiten um die Mitte des Jahrhunderts ziehen könnte.

Die *Stuckfiguren von Cividale*, deren genauere Datierung noch umstritten ist, sind nicht geeignet, das fragmentarische Bild im westlichen Europa des 9. Jh. genauer zu bestimmen. *Figurale Bauplastik* scheint im wesentlichen gefehlt zu haben oder war doch selten. Ganze Bereiche fielen aus, *Kultbilder* wurden nicht hergestellt. Später gehören gerade sie zu den wichtigsten Aufgaben.

Zur Beurteilung der skulpturalen Möglichkeiten des Frühen Mittelalters ist man fast ausschließlich auf die *Elfenbeinreliefs* angewiesen. Sie entstanden in engem Zusammenhang mit der Entwicklung der Skriptorien. Die Nähe zur Buchmalerei ergibt sich schon aus ihrem Format und ihrer Zweckbestimmung, und sie wird oft durch Stilabhängigkeiten und Verwandtschaft der Bildprogramme bestätigt. Es handelt sich um Buchdeckel, Diptichen, kleinere Gefäße aus Elfenbein oder verwandten Materialien (Walroßzahn). Die Mehrzahl der erhaltenen Werke läßt sich den einzelnen Skriptorien zuordnen. (Die Ordnung des umfangreichen Bestandes, die Goldschmidt in seinem gewaltigen Corpuswerk geleistet hat, ist bis heute nicht überholt, wenngleich modifiziert und um einige Werke ergänzt worden. Auf sie sei verwiesen.) So ist eine Gruppe von Elfenbeinen der Hofschule zugehörig (Abb. 82, 83). Zu den Hauptwerken zählen die prächtigen *Buchdeckel des Lorscher Evangeliars*: auf der Vorderseite Christus als Sieger über Löwen und Basilisken, begleitet von zwei Engelsfürsten, auf der Rückseite die thronende Maria mit Heiligen (Abb. 83). Beide Deckel verbindet in fortlaufender Erzählung der untere Fries mit Szenen der Geburtsgeschichte Christi. Am oberen Bildrand schweben Engel mit dem Medaillon, dem *clipeus*, in dem das Kreuz erscheint und die Halbfigur Christi. Nach Form und Gliederung handelt es sich hier um einen unmittelbaren Rückgriff auf spätantike Form. Auch die Gestaltbildungen, die weichen, wohlgerundeten Formen und komplizierten Faltenmotive bei relativ flachem Relief verweisen auf Werke frühchristlicher und byzantinischer Kunst, wobei verschiedene Vorbilder, unterschiedliche Stile nachgeahmt wurden. Doch ist die Gestaltvorstellung, wie sie etwa die Evangelisten des Trierer Ada-Evangeliars repräsentieren, in den Körperformen kenntlich. Hier wurde innerhalb der Möglichkeiten dieser

78 Löwenkopf der Wolfstüre. Aachen, Pfalzkapelle. Um 800. Bronze. Die Türen und Gitter der Aachener Pfalzkapelle sind erstaunliche Beweise der technischen Höhe des karolingischen Bronzegusses. Für die angestrebte Erneuerung antiker Form und die bei aller Naturnähe starke ornamentalisierende Tendenz ist dieser Löwenkopf charakteristisch.

79 Kopffragment aus Lorsch. Um 800. Darmstadt, Hess. Landesmuseum. Höhe: 22 cm, Breite: 13,5 cm, Tiefe: 10 cm. Sandstein. Einziger größerer Rest karolingischer Monumentalskulptur, der trotz schlechten Erhaltungszustandes noch eine antikenkundige Meisterschaft zeigt, die der Elfenbeinkunst kaum nachsteht. Das Freskenfragment aus Lorsch (Abb. 74) bildet annähernd ein Äquivalent.

80 Arnulfziborium. Tragaltar Arnulfs von Kärnten. Reims (?). Um 870. München, Schatzkammer der Residenz. Gold, Email und Edelstein. Baldachinarchitektur geläufiger Form. Abbild realer Altarziborien. Dreigeschossig: Das Ganze ist als plastische Variante der Bedeutungsarchitektur des Medardus-Evangeliars (Abb. 38) zu verstehen. Weltarchitektur und Ecclesia, getragen von vier Säulen, die sich oben noch einmal wiederholen, dann die Giebelzone, wo unter anderem das Lamm Gottes (!) erscheint.

81 Reiterstatuette Karls d. Gr. (?). Metz. 9. Jh. Paris, Musée du Louvre. Höhe: 24 cm. Bronze. Ein umstrittenes Werk: Unsicher sind Datierung und Lokalisierung. Als Ort der Entstehung ist Metz nur wahrscheinlich, und obgleich alle Anzeichen (Tracht, Schnurrbart, Lilienkrone, Schwertschneide) beweisen, daß es sich hier um das Bild eines karolingischen Herrschers handelt und an der Entstehung im 9. Jh. nicht zu zweifeln ist, beweist doch nichts an der Figur, daß wirklich, wie angenommen wird, ein Bildnis Karls d. Gr. vorliegt. Die Kennzeichen des Gesichts sind so allgemein wie diejenigen der Hofschule Karls des Kahlen. Da nur zwei Datierungen vertretbar sind: um 810 (Braunfels) und um 860 (Köhler), aber auf jeden Fall ein karolingischer Herrscher gemeint ist, kommen nur Karl d. Gr. oder Karl der Kahle in Frage. Da erst zur Zeit Karls des Kahlen Herrscherbilder regelmäßig vorkommen, überdies zu diesen Bildern einige Ähnlichkeit besteht, ist die Annahme möglich, es sei hier Karl der Kahle gemeint. Der Alternativvorschlag von Braunfels: Entstanden um 860 nach Vorbild um 810 hat sehr viel Wahrscheinlichkeit für sich, dargestellt wäre dann zwar Karl der Kahle, aber nach einem Vorbild aus der Zeit Karls d. Gr.
Für eine Frühdatierung des Vorbilds spricht vor allem die erstaunliche Antikennähe des Pferdes, die man aber im Jahrzehnt nach 800 erwarten würde; zudem ist die Frage nicht geklärt, ob das Pferd unbedingt karolingisch sein muß.

82 Triumphierender Christus. Buchdeckel. Hofschule Karls d. Gr. Anfang 9. Jh. Oxford, Bodleian Library. 21,1 × 12,4 cm. Elfenbein. Der jugendliche Christus als Sieger, zu seinen Füßen Löwe, Schlange, Aspis und Basilisk. In den Randfeldern Evangelienszenen. Programm und Details folgen spätantiken Elfenbeindyptichen, Präzedenzfälle, die mit erstaunlicher Sicherheit, Eleganz und technischer Meisterschaft benutzt wurden.

83 Maria mit Johannes dem Täufer und Zacharias. Buchdeckel des Lorscher Evangeliars. Rückseite. Hofschule Karls d. Gr. Um 810. London, Victoria and Albert Museum. 38,5×27 cm. Elfenbein. (Gegenstück zur Christustafel der Vorderseite.) Die Lorscher Buchdeckel sind die größten bekannten karolingischen Elfenbeintafeln. Bei flacher Reliefschicht große Präzision der Körpermodellierung nach byzantinischen Vorbildern des 5. Jh., deren Form dem Schnitzer mit Selbstverständlichkeit geläufig war.

84 Nathan vor David. Psalm 50. Buchdeckel. Reims. Um 860–870. Paris, Bibliothèque Nationale Cod. Lat. 1152. 11,2×8,8 cm. Elfenbein. Fortsetzung des „malerischen" Reimser Stils in der Elfenbeinplastik. Tiefes Relief mit fast vollplastisch wirkenden Figuren und starken Unterschneidungen, daher stärkere Helldunkel-Kontraste. Das Bild ist vom Utrecht-Psalter (vgl. Abb. 54) angeregt worden und wurde bei starker Veränderung der Details den Bedingungen des Reliefs angepaßt. Bilderzählung in drei Schichten: oben Hauptszene, Mitte Leichnam des Urias, unten die Hirtenszene.

△ 78

▽ 80

△ 79

▽ 81

83

Werkstatt äußerste Nähe zu den als vorbildlich geltenden spätantiken Kunstformen erreicht. Das war das Ziel. Die *„Adagruppe der Elfenbeinarbeiten“* insgesamt zeigt, wie man Schritt für Schritt dem Ziel näherkam, beginnend mit Werken, die künstlerisch nicht weit entfernt sind vom Godescalc-Evangelistar, entsprechend der von Braunfels rekonstruierten Abfolge der Bronzearbeiten an der Pfalzkapelle.

Dabei ist in dieser ganzen Elfenbeingruppe charakteristisch, und das gilt auch für das zitierte Hauptwerk, daß fast ausschließlich Vorbilder aus dem Bereich der Elfenbeinkunst benutzt wurden. Abgesehen von den Details der Gestaltbildung ist die Beziehung zu den Bildkombinationen der Hofschule gering. Umgekehrt gibt es nur wenige unmittelbar sichtbare Übernahmen von Rahmenformen der Elfenbeindiptjchen in der Buchmalerei. Die Entwicklungen laufen hier unabhängig voneinander demselben künstlerischen Ziel entgegen. Die Umwandlung der Vorbilder war in der Buchmalerei ungleich intensiver. Es gibt in den Elfenbeinarbeiten keine komplizierteren Allegorien von der Art des Lebensbrunnens oder der Anbetung des Lammes. Die Kunstgattungen scheinen sich vorerst gesondert und innerhalb ihrer Grenzen entwickelt zu haben.

Das ändert sich in den folgenden Jahrzehnten. *Elfenbeinarbeiten* wurden wahrscheinlich in allen wichtigeren karolingischen Skriptorien hergestellt, in *Metz, Tours, Reims* und *St. Gallen.* Eine Reimser Gruppe folgt um die Jahrhundertmitte dem Vorbild des Utrecht-Psalters. So wurde die *Strafpredigt Nathans vor David* (Abb. 54) in einem Buchdeckel (Bibliothèque Nationale) ins Elfenbeinrelief übersetzt (Abb. 84), aber so, daß gemäß der veränderten Bedingungen das Ganze sich ändert. Das freischweifend Andeutende der Federzeichnung, die raumgreifende Strichführung ist im Elfenbein so wenig möglich wie die nervösen Niederschriften gestikulierender Gestalten. Der Skulptor konzentrierte sich auf die architektonische Gliederung der Szene und auf die Umsetzung von ausgreifenden Gesten in die Bewegung raumbestimmender Körper. Die Technik der Überschneidung und Unterschneidung und die Unbestimmtheit des Grundes sichern der Figur eine Unabhängigkeit vom Reliefgrund, die der Freiplastik sich nähert. Das Vorbild wurde nicht einfach übernommen, sondern verwandelt, die Szene anders gedeutet. Was im Utrecht-Psalter ein vorwärtsstürmendes Strichbündel war, dessen Aggressivität in der Spitze eines blitzartig vorschnellenden Zeigefingers mündete, wird nun zur bewegenden Kraft eines Körpers, kulminierend nicht in einer Spitze, sondern im vorgewölbten Bauch des Propheten, einer unwiderleglichen Masse, deren Stoßrichtung der von den Waden bis zu den hochgezogenen Schultern gleitende parabolische Gewandsaum bekräftigt. Das ist fast karikaturistisch übertreibend; Schultern, Kopf und Gesten bilden mit dem Bauch und der Schrittstellung eine unvergleichliche Einheit der überzeugungskräftigen Wucht des seiner Sache sicheren Propheten mit dem entrüsteten Donner seiner vernichtenden Predigt.

Zu diesem Nathanrelief gehören einige andere, verwandte und ebenfalls an den Formulierungen des Utrecht-Psalters orientierte Elfenbeinreliefs (Abb. 85). Ihre Herkunft aus Reims ist bei der Nähe und dem Einfluß des Psalters wahrscheinlich. Andrer-
84 seits ist der zeitliche Abstand nicht sicher auszumachen, weil die Datierungen des

Utrecht-Psalters unsicher sind. Für die Datierung ist einerseits die Nähe zum *Utrecht-Psalter* bestimmend, andrerseits die Tatsache, daß eine geradezu körperverformende Kunst der psychologischen Charakterisierung schon im Bereich der *Palastschule* begann, die hier ihren Höhepunkt erreicht. Das hat seine Entsprechung in einer Reihe von Bildern der *Schule von Tours*, die um die Jahrhundertmitte entstanden, in der plastischen Mächtigkeit der Majestasbilder der Viviansbibel wie in den fast halsbrecherischen Wendungen des Lothar-Evangeliars.

Das Nathanrelief stammt von einem Psalter Karls des Kahlen. Die ganze Gruppe gehört zur näheren Nachbarschaft der Schule von Tours und zu ihrer Nachfolge in St. Denis. Von St. Denis führt ein Weg nach St. Gallen. Die alte irische Gründung war einer der Orte kontinuierlicher künstlerischer Entwicklung. Sehr lange bewahrte das Kloster die alten Formen insularer Buchmalerei, zugleich blieb es Zentrum gelehrter Studien. Einige nicht unwichtige Anregungen kommen aus *St. Gallen*, dennoch blieb es zur Zeit Karls d. Gr. mehr am Rande. Im karolingischen Jahrhundert wurden in St. Gallen einige der neuen Bildentwürfe von der Hofschule bis zur Werkstatt Karls des Kahlen übernommen, ohne daß ihnen wesentlich Neues hinzugefügt worden wäre. Das starke Beharrungsvermögen einer langen Tradition und bedeutende Äbte sicherten diesem Kloster eine Sonderstellung auch in den dunklen Jahrzehnten der Wende zum 10. Jh. Die stärksten Leistungen dieser Zeit gehören der *Elfenbeinkunst* an. Die Künstlerlegende des Bildschnitzers Tuotilo hat *Ekkehard*, der Mönch von St. Gallen, in seinem Casus Sancti Galli erzählt. Dem *Tuotilo* werden einige gegen 900 entstandene Werke mit einiger Sicherheit zugeschrieben, unter anderem zwei in St. Gallen befindliche *Buchdeckel* (Abb. 87). Der Stil dieser Tafeln hat in St. Gallen selbst keine Entsprechung, unterscheidet sich auch vom Stil der anderen Werkstätten. Die schattenfangende Technik der Unterschneidungen ist den von Reims und Tours herleitbaren Elfenbeinen verwandt, aber die Tiefe ist gleichmäßig, das Relief entwickelt sich zwischen zwei Schichten, Grund und Oberfläche bilden eine bestimmbare Ebene. Die Bildordnung, auch in einigen Fällen die Bildprogramme gehören in den Umkreis der Werkstatt Karls des Kahlen, *St. Denis*. Das bestätigen sowohl die Einzelheiten der subtilen Ornamentik als auch das Programm der Majestastafel, die im ganzen das Majestasbild im Psalter Karls des Kahlen ins Relief übersetzt. Auch hier ist der Ausgangspunkt der Elfenbeinreliefs die Buchmalerei.

Die St. Galler Kunst des Tuotilo steht am Ende der prägnanten Äußerungen karolingischer Werkstätten. Sonst war *St. Gallen* in diesem Jahrhundert eher Zentrum der Überlieferung als der Erfindung. Seine Rolle in späterer Zeit ist noch nicht genau bestimmbar. Sicher ist, daß St. Gallen auch im 10. Jh. eine Insel der Weiterentwicklung überkommener Formen, zu denen nun auch die karolingischen gehörten, blieb. St. Gallen war eine unter mehreren Brücken zwischen vorkarolingischer, karolingischer und ottonischer Kunst und eine der wichtigeren Ausgangspositionen der ottonischen Werkstatt, die bisher als die *Reichenauer* galt. Leistungen der Plastik entstanden neben den Elfenbeinschnitzereien vor allem in der *Goldschmiedekunst*. Sie hatte mannigfaltige Aufgaben im Bereich der liturgischen Geräte, des Altarschmucks,

und sie besaß, wie Berichte und Legenden bezeugen, höchsten Rang in der Werteskala der Künste. Ihr Material war das Kostbarste, ihre Arbeit galt Gegenständen von höchstem Rang. Aber kostbare Materialien sind der Haltbarkeit nicht förderlich, denn sie sind begehrt. Die wenigen überlieferten Werke dieser Kunstgattung, die halbwegs unbeschädigt die Zeiten überdauert haben, sind Glücksfälle. Aber sie liefern zweifellos kein zutreffendes Bild vom ursprünglichen Rang der Goldschmiedekunst. So hat von den großen Altarverkleidungen in edlen Metallen nur der *Paliotto von S. Ambrogio in Mailand* die Zeiten überdauert. Sein umfangreiches Programm, seine Stilmischung aus spätantiken und bereits frühmittelalterlichen Tendenzen sichert ihm besonderes Interesse. Auch gehört er zu den „missing links", den Verzahnungen von karolingischer Hofkunst und Nachantike. (Aus Raumgründen mußte auf eine Abbildung des Zyklus verzichtet werden; ein Detail wäre nicht geeignet, seine kunsthistorische Bedeutung zu demonstrieren. Es sei daher auf die angegebene Literatur verwiesen.)
Zu den Aufgaben der Goldschmiedeplastik gehörte auch die Herstellung kostbarer Buchdeckel. Oft hat man sich mit der Kostbarkeit des Materials begnügt, das mit seinen eingesetzten Juwelen allein schon geeignet war, die Bedeutung des Gegenstandes anschaulich zu vergegenwärtigen. Mancher *Reliquienbehälter* ist nicht viel mehr als ein Behälter, kunstlos und unerheblich, aber eben aus Gold und besetzt mit Juwelen. Das sieht denn einigermaßen barbarisch aus, aber man täuscht sich da leicht: Der Goldglanz hatte spirituelle Bedeutung, war Lichtsymbol und Verweis auf den Glanz des Himmlischen Jerusalem, und die Juwelen, die edlen Steine, waren nicht nur Prunküberhäufung. Unter den Steinen befinden sich auch wenig kostbare, leicht zugängliche Quarze. Auch die Gesteine, die Gesteinsfarben hatten mythische Bedeutung, man bedenke, wie oft etwa in der Apokalypse, zur Bezeichnung jenseitigen Glanzes, Kristallnamen als Farbbezeichnungen vorkommen, und nicht nur dort. So gilt Smaragdgrün als Himmelsfarbe und Farbe des Gläsernen Meeres, in dessen Kristall die Welt eingeschlossen ist. Das ist beim Anblick auch kunstloser Gebilde dieses Bereichs zu bedenken. Andrerseits hatten schon die einzelnen Edelsteine magische Bedeutung, galten als heilkräftig. Nicht verwunderlich daher, daß diese Bedeutung der Materialien in den (selteneren) figuralen Werken zu anschaulicher Gestalt gelangt. *Karolingische Goldschmiedekunst* scheint später als die anderen Künste zu figuralen Konzeptionen gekommen zu sein, und dann nicht unabhängig von der Miniaturmalerei. Die wenigen bekannten Werke sind im wesentlichen zur Zeit Karls des Kahlen entstanden. Hauptwerk ist der *Deckel des Codex Aureus aus St. Emmeram* (Abb. 86) mit der an turonischen Prägungen orientierten Majestas im Zentrum, den vier Evangelisten und den Szenen aus dem Leben Christi, Treibarbeiten von sicherer Schärfe der Zeichnung. Der Rahmen aber bietet, von der Seite gesehen, das Bild einer Stadt, mit Kuppeln und edlem Gestein: Mit Relief und Rahmen wird der Bedeutungsgehalt anschaulich realisiert als *Majestas Domini*, umgeben von der Himmelsstadt.
Ein anderes Werk aus der gleichen Zeit ist wenigstens in der originalen Grundform erhalten geblieben, das *Arnulfziborium* (Abb. 80), ein kleiner Tragaltar von der Form

einer Baldachinarchitektur. In einem der vier Giebel des Dachgeschosses sieht man das Lamm Gottes. Es sei auf das architektonische Weltmodell der Hofschule, auf die Anbetung des Lammes im Medardus-Evangeliar verwiesen. Werke dieser Art sind spärliche Überreste. Bereits die Kostbarkeit der Materialien gab Anlaß zu rascher Zerstörung. Gold kann eingeschmolzen werden, Edelsteine lassen sich wieder verwenden. Ob freilich ein vollständiger Bestand an karolingischen Goldschmiedearbeiten das Bild der Epoche merklich bereichern würde, steht dahin. Neue Gedanken sind hier kaum zu vermuten, denn die wesentlichen bildnerischen Leistungen der Epoche finden sich weder hier noch überhaupt in der Plastik und Skulptur, sondern fast ausschließlich in der Buchmalerei.

85 Buchdeckel vom Gebetbuch Karls des Kahlen. Psalm 26. Reims. Um 870. Zürich, Schweiz. Landesmuseum. 11,2×8,8 cm. Wie Abb. 84 Variation über ein Thema des Utrecht-Psalters. Szenische Dynamik bestimmt den ungeometrischen Bildbau. Als malerischer Reliefstil innerhalb der karolingischen Entwicklung äußerster Gegenpol zur Lorscher Tafel (Abb. 83).

86 Majestas domini. Buchdeckel des Codex Aureus von St. Emmeram, Regensburg. St. Denis (?). Um 870. München, Bayer. Staatsbibliothek Cod. 14000. Gold (getrieben) mit Perlen und Edelsteinen. Der Majestastypus steht turonischen Prägungen nahe (kontrapostische Haltung, diagonale Faltenströme, vgl. Abb. 74). In den Seitenfeldern die vier Evangelisten, oben und unten Evangelienszenen. Die Technik erlaubt nur geringe Relieftiefe und z. B. keine Unterschneidungen. Spätkarolingische Plastizität zeigt sich hier in der Umrahmung: Die kostbaren Steine wölben sich wie Kuppeln und sitzen in hohen Fassungen, so daß in Schrägansicht der Rahmen als Stadtmodell erscheint: als Himmelsstadt gemäß der Bedeutung der Majestas wie der verwendeten Materialien.

87 Majestas domini. Buchdeckel. St. Gallen. Um 900. (Zugeschrieben Tuotilo.) St. Gallen, Stiftsbibliothek Cod. 53. 32×15,5 cm. Elfenbein. Die St. Galler Elfenbeinarbeiten, die dem Meister Tuotilo zugeschrieben werden, sind letzte Hauptwerke des karolingischen Jahrhunderts. In St. Gallen selbst haben sie keine Vorläufer. Die Schärfe und Klarheit der Durchbildung ist quasi eine Disziplinierung der „malerischen" Reimser Form, ohne daß die tiefe Reliefschicht und die Kunst der schattengebenden Unterschneidung aufgegeben worden wäre. Deutlich etwa in der gebändigten Kompliziertheit des Akanthusornaments. Der Zusammenhang mit älteren Elfenbeinarbeiten ist jedoch eher allgemein. Offensichtlich dagegen die Nähe zur Buchmalerei der Hofschule Karls des Kahlen (St. Denis), deren Bildarsenal der Meister benutzte. (Vgl. das Majestasbild des Sakramentars Karls des Kahlen, Abb. 72.)

85 ▷
86 ▷
87 ▷

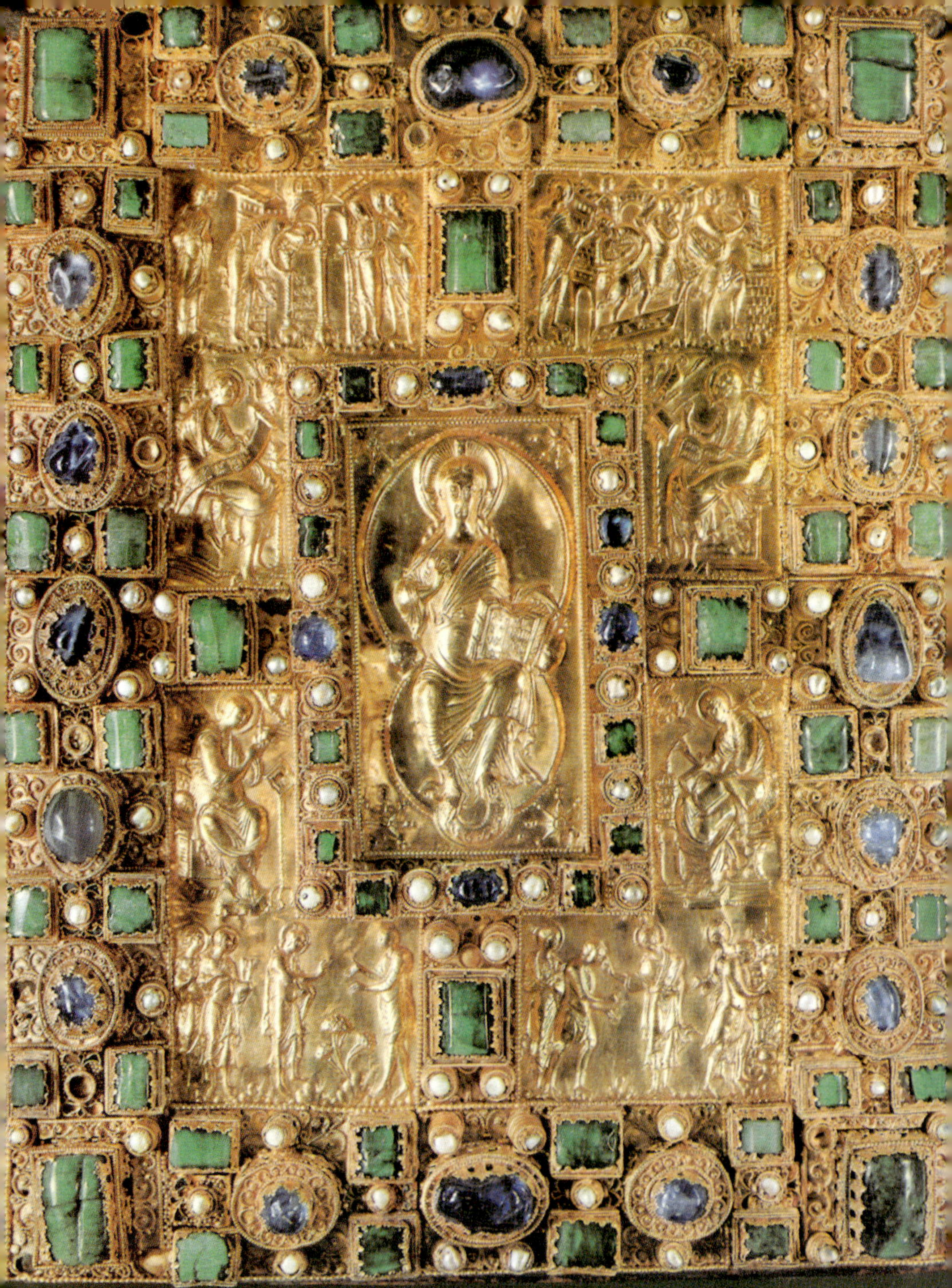

HIC RESIDET XPC VIRTV
TVM STEMMATE SEPTVS

Die politischen Bedingungen verhinderten für längere Zeit eine produktive Weiterbildung der karolingischen Ansätze. Zwar wurde weitergebaut, gemalt, aber es entstand im letzten Viertel des 9. Jh. kaum noch grundlegend Neues, wenn man von einigen Klöstern wie *St. Gallen* absieht, die als Zentren der Tradition und ihrer Weiterentwicklung nunmehr wieder zu Inseln wurden. Sonst wurde weiter kompiliert, nachgebildet, mißverstanden, die Leistungen werden rasch schwächer. Wenn man sich etwa die Abbildungen bei Boinet ansieht, so ermißt man, wie rasch der in acht Jahrzehnten intensiver Anstrengung errichtete Bau zerfiel, in welchem Maß mit dem Elan auch die präzisen Bildrechnungen verschwanden und unter dem Druck ungünstiger Verhältnisse aufwendigere Projekte, wie die Fortsetzung karolingischer Architektur, für ein Jahrhundert blockiert wurden.

In der zweiten Hälfte des 10. Jh. hatte sich die Lage hinreichend stabilisiert. Die Macht- und Einflußbereiche waren vorerst gegeneinander abgesteckt, Angriffe von außen, der Wikinger, der Magyaren, eingedämmt oder zurückgeschlagen worden. Im Osten des karolingischen Reiches entstand eine neue kaiserliche Tradition, die sich auf das Erbe Karls d. Gr. berufen konnte.

Unter der Herrschaft der *Ottonen* wurden die Kräfte wieder frei für andere Aufgaben. Im letzten Viertel des 10. Jh. werden allerorten Erneuerungsbestrebungen sichtbar, die cluniazensische Reform des Mönchtums und die Neugründung kaiserlicher Tradition. Beide haben in den Künsten ihre Wirkung, die ottonische Fortsetzung karolingischer Tradition ist zunächst die wichtigere, die Cluniazenser werden erst später den Künsten förderlich. Rückkehr zu Normen der Vergangenheit, Erneuerung abgerissener Fäden der Tradition war beides. Der Verfall wurde aufgehalten, zurückgedrängt.

Als nun eine neue Blüte der Künste sich anbahnte, war man von der karolingischen Epoche, der unvollendeten, um über ein Jahrhundert entfernt. Die karolingischen Modelle waren noch überall verfügbar, aber die künstlerischen Ziele hatten sich unmerklich, doch gründlich verändert. Man glaubte wohl, unmittelbar an die vorhergehende Epoche anknüpfen und das dort Errungene wiederherstellen zu können. Die *ottonische Buchmalerei* begann mit der Anfertigung von Kopien nach karolingischen Codices. Die neuen,

88 GERNRODE, ST. CYRIAKUS. 961 von Markgraf Gero als Nonnenkloster gestiftet. Veränderung im 12. Jh. (Westchor, Erhöhung der Westtürme). Dreischiffiges Langhaus; im Westen ursprünglich eine gerade Abschlußwand, flankiert von zwei runden Treppentürmen an den Enden der Seitenschiffe. Im Osten ein im Verhältnis zur Langhausachse leicht geknickt angebautes, durchgehendes Querhaus, quadratischer Vorchor mit halb-
88 runder Apsis über einer Hallenkrypta. Auffällig ist der Stützenwechsel: Die Langhausecken und seine Mitte werden von Pfeilern markiert, von denen Arkaden ausgehen, die von Säulen aufgenommen werden, so daß zwei Raumkompartimente entstehen. Dies wiederholt sich kleinteiliger in der Emporenzone über den Seitenschiffen; wieder trennt ein Pfeiler nun je sechs Bogenstellungen, die jeweils durch gemauerte Bögen zu Doppelarkaden zusammengefaßt sind. Die Fensterzone nimmt diese Gliederung nicht auf. (Vgl. Abb. 91, 97).

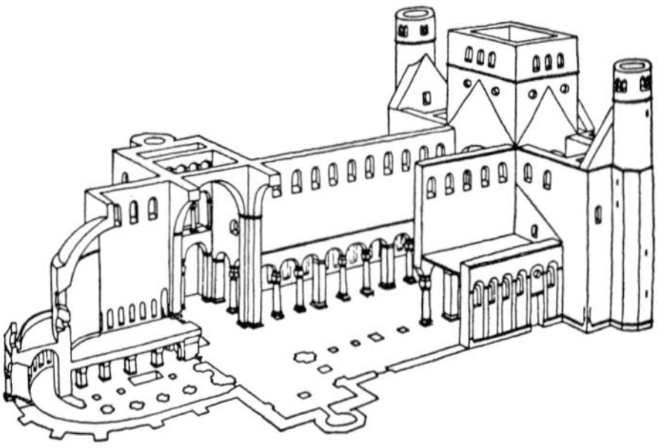

89

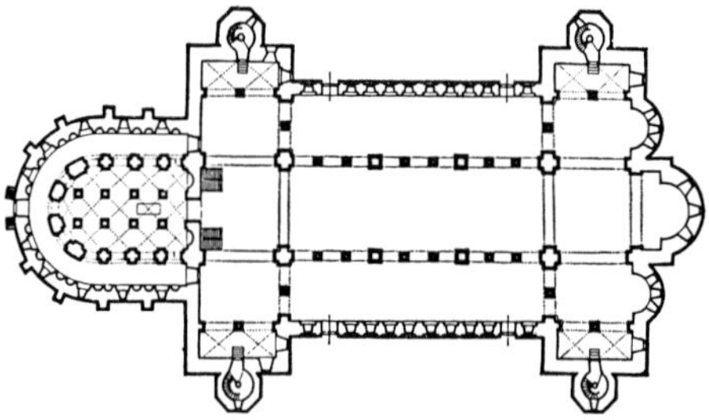

90

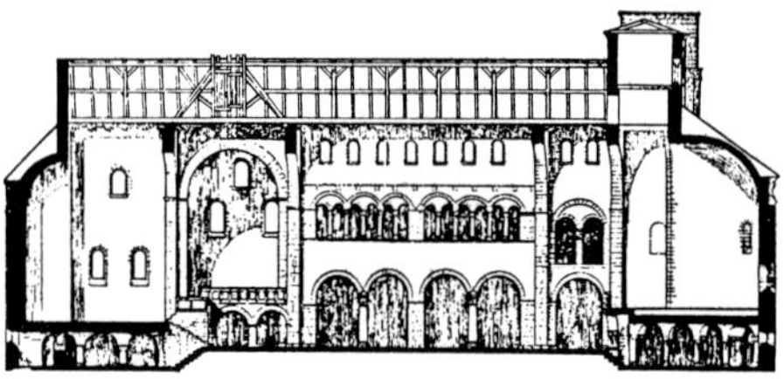

91

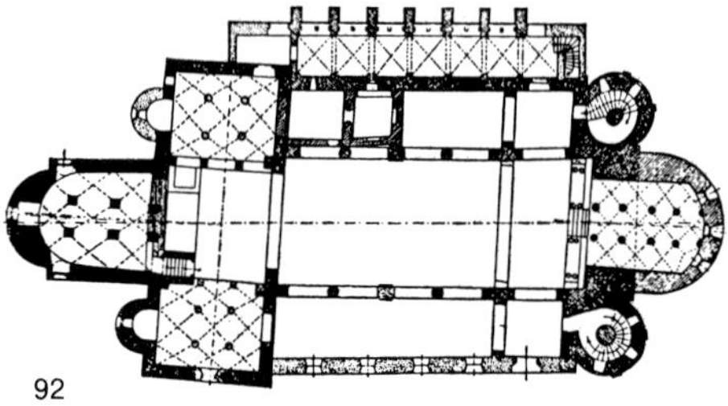

92

89/90 Hildesheim, St. Michael. Längsschnitt und Grundriß, vgl. Abb. 93–96.

91/92 Gernrode, St. Cyriakus. Längsschnitt und Grundriß, vgl. Abb. 88, 97.

93-96 Hildesheim, St. Michael. Um 1000 von Bischof Bernward von Hildesheim begonnen als dreischiffige Anlage mit Querschiffen und Chören im Westen und Osten. Der Westchor über der Krypta, der Grablege Bernwards, wurde später verändert, die Ostapsis im 17. Jh. abgerissen. Die Ausgewogenheit der Anlage mit ihrer gleichartigen Betonung von Ost- und Westteil zeigt sich in der vieltürmigen äußeren Erscheinung (Modellabb. 93). Über den Vierungen erheben sich quadratische Vierungstürme, an den Stirnseiten der Querhauswände stehen polygonale Treppentürme mit zylindrischen Aufsätzen. In Hildesheim tritt zum ersten Mal die rationale, auf klaren Maßverhältnissen beruhende Gliederung des architektonischen Raumes auf, die später „quadratischer Schematismus" genannt wurde (vgl. Klosterplan von St. Gallen, Abb. 21): Das Quadrat der „ausgeschiedenen" Vierung, deren Bögen sich zum Langhaus und zum Querhaus in der vollen Mittelschiffhöhe öffnen, bildet das Grundmaß der Anlage: Dreimal liegt es dem Langhaus zugrunde, betont durch die Pfeiler, zwischen die je zwei Säulen mit Arkaden eingestellt sind (Sächsischer Stützenwechsel). Das Verhältnis von Schiffbreite zur Höhe ist nahezu 1:2. Die Seitenschiffe weichen noch von dem „Schematismus" ab, sie haben mehr als die halbe Breite des Hauptschiffs. Die Wand über der Arkadenzone bleibt, im Gegensatz zu Gernrode, ungegliedert, über den Arkaden verläuft ein Gesims, darüber die nur durch die Obergadenfenster durchbrochene Hochschiffwand. Neuartig sind die Querschiffemporen, die als Engelchöre bezeichnet werden.

97 Gernrode, St. Cyriakus. Innenansicht. (Vgl. Abb. 88, 91, 92.)

98 Köln, St. Pantaleon. Von Bischof Bruno neuerrichtetes Benediktinerkloster (begonnen um 964, Weihe 980). Die in gotischer Zeit dreischiffig umgebaute Anlage war ursprünglich einschiffig, wobei die Wand durch hohe Blendnischen, in denen die Fenster saßen, gegliedert war. Im Osten befindet sich ein Querhaus, dessen Flügel jedoch nicht durchgehen, sondern mit ihren Apsiden eigene Räume bilden. Im Westen das letzte echte, auf karolingischen Vorbildern beruhende Westwerk.

△ 93

▽ 94

▽ 95

97

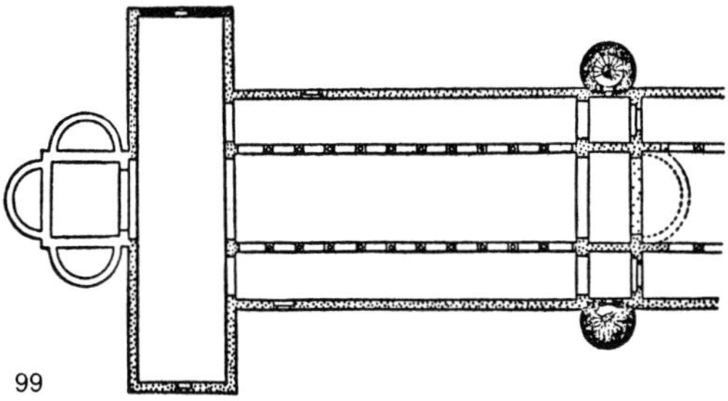

99

100

99 Mainz, Dom. Grundriß. Von Willigis nach 975 errichteter Dom. Im heutigen, dem im 12. und 13. Jh. errichteten Bau sind die Grundmaße des ottonischen noch spürbar. Der Grundriß zeigt große Nähe zu der karolingischen Abteikirche in Fulda (Abb. 24): Dreischiffige Säulenbasilika mit westlichem Querhaus, im Osten ein Querbau mit Mittelturm und runden Treppentürmen an den Stirnseiten. Ostapsis für ersten Bau nicht gesichert.

100 Paderborn, Dom. Turm über Westchor 11. Jh.

allmählich sich bildenden künstlerischen Ziele wurden nicht sogleich realisiert. Mit der politischen Topographie hatte sich auch die Lage der Kunstzentren verändert. Was ursprünglich am Rande karolingischer Zivilisation lag, in ihrem Ausstrahlungsbereich, wird nun zum Mittelpunkt neuer Entwicklung. Ottonische Kunst behauptet sowohl an Reichtum der Erfindung, an überraschender Schnelligkeit der Entwicklung als auch an Dichte der großen Werkstätten und Intensität der Anstrengung besonderen Rang. Indessen ist hervorzuheben, daß die Kunst um die Jahrtausendwende bereits ein gesamteuropäisches Phänomen ist, bei stärkerer Ausprägung regionaler Besonderheiten, die nicht mehr auf einzelne Werkstätten beschränkt bleiben. Das Geflecht ist dichter geworden, die „Inselhaftigkeit der Kunstzentren" schwindet, die bildnerische Überlieferung gewinnt breitere Basis. In *Spanien* entsteht mit einer Sonderform der *Apokalypsenillustration* aus den Bedingungen christlicher Kunst unter arabischer Herrschaft eine Form der Darstellung, die den ottonischen Leistungen gleichrangig ist und in der Folgezeit ebenso nachwirkt wie die *angelsächsische Buchmalerei* der Jahrtausendwende, die, aus karolingischen und anglo-irischen Voraussetzungen folgend, zu den wichtigsten und mit ihrer kontinentalen Ausstrahlung den ottonischen Bildkünsten in vielem überlegenen Prägungen dieses Zeitraums gehört. Im ganzen treten gegen die ottonischen, spanischen und englischen Synthesen die alten Werkstätten des fränkischen Reiches zurück; und Italien bleibt weiterhin Formenlieferant,
98 Arsenal spätantiker Traditionen.

Das differenziertere Bild der Kunsttopographie hat seine Entsprechung in der raschen Vermehrung künstlerischer Möglichkeiten. Zum ersten Mal sind alle Kunstgattungen mit Werken von Rang vertreten. Die Monumentalskulptur und die Plastik größeren Formats kündigt sich mit *Gerokreuz* (Abb. 134) und *Bernwardinischer Plastik* (Abb. 135, 142, 143) bereits mit Entschiedenheit an. Immer noch kann freilich die Miniaturmalerei als führende Kunst gelten. Erst im 12. Jh. tritt sie trotz vermehrter Produktion hinter den anderen Künsten, vor allem der monumentalen Bauskulptur, zurück, an deren Vorbereitung sie beteiligt war.

OTTONISCHE ARCHITEKTUR

Zu den entscheidenden Neuerungen karolingischer Baukunst gehörten Westwerk und Doppelchörigkeit, Erweiterungen und Veränderungen der basilikalen Form, an die in ottonischer Zeit zumal bei Dombauten bewußt angeknüpft wurde.
Der erste Bau dieser Reihe, von *Otto I.* selbst gefördert, entstand von 955 an in *Magdeburg,* eine dreischiffige Säulenbasilika mit vermutlich zwei Querschiffen.
Im *Dom zu Mainz* (Abb. 99, um 975 von Willigis, einem engen Vertrauten des Kaiserhauses, begonnen) sind auch in der heutigen Baugestalt die Maße des großen ottonischen Baus noch spürbar. Ein unmittelbarer Bezug von Mainz zu *Fulda* (Abb. 25) ist gesichert. Der Mainzer Dom folgte dem dortigen Schema in der Dreischiffigkeit seiner Säulenbasilika mit dem großen westlichen Querhaus. Die Form der Westapsis ist dabei strittig.
Auch der 1015 geweihte *Meinwerkdom in Paderborn* (Abb. 100) besaß eine Westapsis, die von Treppentürmen begleitet, rechteckig ummantelt und von einem riesigen Turm überragt wurde. (*Reichenau-Mittelzell* zeigt eine ähnliche Westfassade; der eintürmige Westbau ist, als Reduktion, in der Folge bezeichnend für Pfarrkirchen.) In der Tradition von Fulda und Mainz steht auch der 1015 begonnene Bau von *Straßburg*, von dem Teile der Krypta noch erhalten sind.

101 ESSEN, DAMENSTIFTSKIRCHE (Münster). Neubau einer ursprünglich karolingischen Gründung, vermutlich durch die Äbtissin Mathilde Ende des 10. Jh. begonnen. Erhalten ist der Westbau, das Langhaus wurde später umgebaut. Äußerlich erscheint der Westbau mit dem Mittelturm und den seitlichen Treppentürmchen als Westwerk, während in Wirklichkeit die Westfront eine rechteckige Ummantelung eines Westchores ist. Zwei Traditionen überschneiden sich hier. Deutlich ist der Rückgriff auf die Pfalzkapelle in Aachen (Abb. 28) im Aufriß des Innern.

102 OTTMARSHEIM, Klosterkirche. Nonnenkloster, erbaut im ersten Drittel des 11. Jh. Weihe 1049 durch Papst Leo IX. Im Grund- und Aufriß starke Anlehnung an Aachen: Um ein inneres Oktogon legt sich ein hier achteckiger Umgang. Im Westen befindet sich ein Eingangsturm, im Osten ein rechteckiger Chor.

Die erstaunlichste Tatsache der Baukunst in ottonischer Zeit ist, daß nun in einer Gegend des Reiches, die bis dahin wenig Eigenes hervorgebracht hatte, Bauten entstanden, die für die weitere Entwicklung von großer Bedeutung waren.

An einem der ältesten erhaltenen Großbauten aus ottonischer Zeit, der von Markgraf Gero gestifteten *Klosterkirche St. Cyriakus in Gernrode* (Abb. 88, 91, 92), einer dreischiffigen Basilika mit durchgehendem Querhaus, quadratischem Vorchor und Apsis, zeigt sich besonders im Innenraum eine reichere Durchbildung. Doppelarkaden entspringen hier Pfeilern und werden in der Mitte von Säulen getragen. Über dieser Zone befindet sich eine von byzantinischen Vorbildern beeinflußte Emporenzone, die sich in zweimal drei, von Rundbogen übergriffenen Doppelarkaden zum Langhaus hin öffnet. Die Westfront zeigt zwei runde Treppentürme an den Seitenschiffenden, zwischen denen sich eine gerade Abschlußwand befand. Die im Osten gelegene Hallenkrypta steht am Beginn einer langen (deutschen) Entwicklung.

Um 1000 entstand ein Bau, der durch seine Ausgewogenheit und seine klaren Maßverhältnisse und durch seine neue, nicht mehr von der Antike her bestimmte Konzeption in kubischen und stereometrischen Körpern alles bisher Gebaute übertrifft. *St. Michael* in *Hildesheim* (Abb. 89, 90, 93–96), von Bischof *Bernward* erbaut, ist im Grundriß eine dreischiffige Basilika mit westlichem und östlichem Querschiff, an deren Frontseiten sich Polygonaltürme mit zylindrischem Aufsatz befinden. Quadratische Mitteltürme erheben sich über den Vierungen. Der Ostchor kann als kurzer Vorchor mit Apsis erschlossen werden, dabei befanden sich Nebenapsiden an den Ostwänden des Querschiffs. Der Westchor steht, vielfach verändert, über einer Hallenkrypta, der Grablege Bernwards.

Auch St. Michael in Hildesheim ist noch, was die scharf konturierte Selbständigkeit der Bauteile angeht, ein „additiver" Bau, doch folgt die „Addition" einem System, das die Proportion der Teile bestimmt. Langschiff und Querschiff haben dieselbe Breite und gleiche Höhe (Verhältnis Höhe zu Breite etwa 2:1). Die Vierung, die Stelle, an der sich die Räume durchdringen, ist dadurch nach allen Seiten gleichmäßig geöffnet und im Grundriß quadratisch. Die „ausgeschiedene" Vierung gehört so dem Langhaus und dem Querschiff in genau gleicher Weise an und bildet einen selbständigen Raumabschnitt. Das Vierungsquadrat ist nun das Grundmaß, es ist im Langhaus dreimal enthalten. Derart entstand hier das erste Raumsystem, das als Ganzes die Struktur der Einzelheiten definiert. Zwar erstrebte schon der *St. Galler Klosterplan* (Abb. 21) ein bestimmtes Maßverhältnis der Teile zueinander, aber dieser Plan war nicht ausgeführt worden. In Hildesheim wurde die Regel indessen durchaus nicht mechanisch angewandt, der aus der Regel an sich folgende „quadratische Schematismus" wurde eher bewußt vermieden. So haben die Seitenschiffe mehr als die halbe Breite des Mittelschiffs. Durch ihre niedrige flache Decke und die an den Querhauswänden eingestellten Säulen erhalten sie überdies eine gewisse Abgeschlossenheit gegenüber dem Hauptschiff.

Neu ist die Bezeichnung der Ecken der Grundrißquadrate durch Pfeiler. Sie bekräf-
102 tigen den systematischen Zusammenhang. Die drei Rundbogen dazwischen werden

von Säulen getragen. Dieser Wechsel: Pfeiler – Säule – Säule – Pfeiler wird als *Sächsischer Stützenwechsel* bezeichnet. Für die klare Ordnung des Ganzen sind auch die strengen Formen der, allerdings nur zum Teil unverändert erhaltenen Stützen bestimmend: der Wechsel von prismatischen und zylindrischen Formen. Das *Würfelkapitell*, entstanden aus der Durchdringung von Würfel und Halbkugel, begegnet in Hildesheim zum ersten Mal (Abb. 94). Es bildet eine präzise Überleitung der zylindrischen Säule zur quadratischen Grundfläche des Bogenansatzes.

Über der Stützenzone verläuft ein horizontales Gesims, darüber befinden sich in der nicht mehr durchbrochenen Wandfläche, die man sich bemalt vorstellen muß, die Obergadenfenster, die nicht auf die Achsen der Stützenzone bezogen sind. Eine flache Decke schließt den Raum nach oben hin ab.

Bestimmend für den Gesamteindruck ist, daß das Hauptschiff zwar durch die Stützen in drei Teile rhythmisiert, aber nicht in Raumkompartimente zerteilt wurde. Es bildet vielmehr durch die Flächigkeit der Wandzone und die flache Decke eine räumliche Einheit. Noch ein Motiv erscheint in Hildesheim zum ersten Mal, nämlich die *Querschiffemporen*, die sich zweigeschossig über der Doppelarkade im Erdgeschoß erheben, und zwar so, daß über der Grundarkade zunächst vier, dann sechs Bogenarkaden sich öffnen.

Die Geschichte des echten *Westwerks* ist mit der späten Karolingerzeit schon fast zu Ende. Seine Funktion, nämlich eine „Eigenkirche" an die Basilika römischer Art zu fügen und damit die „Zweipoligkeit der Civitas Dei" zu veranschaulichen (Bandmann), übernahm zunehmend der *Gegenchor*, meist im Westen. Es gibt einen Nachfolgebau von Corvey, nämlich *Minden* (952 geweiht), aber wir wissen von seiner ursprünglichen Gestalt nur durch Grabungen. Sie ergaben eine dreischiffige Pfeilerbasilika mit dreitürmigem Westwerk, das später, seit der Mitte des 12. Jh., in die geschlossene Form des Westgiebels gebracht wurde. Spätere Dreiturmgruppen, die besonders in Sachsen verbreitet waren, sind Reduktionen dieses Typs, denn über einer Eingangshalle bleibt hier nur eine Empore übrig.

Ein echtes Westwerk besitzt noch *St. Pantaleon in Köln* (Abb. 98), wo einem ursprünglich einschiffigen, durch Pilaster gegliederten Langhaus mit östlichem Zellenquerhaus und halbrunder Apsis ein Westbau mit eigenen Altären vorgelagert wurde. Bemerkenswert an der äußeren Gliederung ist die Teilung der Geschosse durch Lisenen, die durch Rundbogenfriese verbunden werden.

In der direkten Nachfolge von Aachen steht neben *Ottmarsheim*, 1049 geweiht (Abb. 102), einem achteckigen Zentralbau und Eingangsturm, und der Mitte des 11. Jh. erbauten *St. Nikolauskapelle in Nijmegen* (achteckiger innerer und sechzehneckiger äußerer Grundriß sowie doppelgeschossiger Umgang) der Westteil des *Damenstifts in Essen* (Abb. 101), das Ende des 10. bis zur Mitte des 11. Jh. erbaut wurde. Im Grundriß bildet der Westbau die Hälfte eines Sechsecks. Man könnte in dieser Anlage eine Vereinigung von Westwerk und Westchor sehen, denn der Westteil öffnet sich als weite Empore zum Schiff, die polygonale Form ist im Äußeren rechteckig ummantelt.

Auch aus ottonischer Zeit ist die Zahl der leidlich unversehrten *Fresken* sehr gering. Der Zyklus von *St. Georg in Oberzell* auf der *Reichenau* (Abb. 127), wahrscheinlich im letzten Viertel des 10. Jh. entstanden, muß für vieles Verlorengegangene einstehen. Er gehört auch unabhängig davon zu den bemerkenswerten Leistungen der Epoche. Die Fresken stellen in großen, breitformatigen, epischen Bildern Wundertaten Christi dar. Zyklen dieser Art hatten ihre Bildtradition wohl vor allem in der Freskomalerei und noch kaum in der Buchmalerei, in der erst in ottonischer Zeit, etwa zur Zeit der Entstehung dieser Wandbilder, die Bilderzählung mit Wundergeschichten und Szenen aus den Evangelien sich ausbreitet. Das wiederum setzte, abgesehen vom Bedürfnis nach derartigen erzählenden Bildern, eine breite Rezeption entsprechender Zyklen der Buchmalerei aus dem 5. und 6. Jh. voraus. In der Wandmalerei dagegen scheint zumal in den Alpengebieten eine von italienischen Werken des 6. Jh. ausgehende Bildtradition überdauert zu haben. St. Georg in Reichenau-Oberzell setzt diejenige Tradition fort, für die aus dem 9. Jh. etwa *Müstair* (Abb. 76) charakteristisch ist, das seinerseits vorkarolingische, südliche Voraussetzungen hat, für die es in der karolingischen Hofkunst keine Entsprechung gibt. Zweifellos sind die Fresken der Reichenau von höherem künstlerischem Rang als die provinziellen Vorgänger in Müstair. Im übrigen sind sie „ottonisch“: klar gegliedert, prägnant auf den entscheidenden Punkt der Erzählung gerichtet, auch von neuartiger, übersichtlicher gewordener Struktur des Bildraums, der weniger illusionistische Elemente enthält, vielmehr als Aktionsraum der Figuren erscheint. Landschaft wird zum farbigen Grund horizontal geschichteter Streifen, auf deren unterstem, dem Erdboden, die Gestalten sich versammeln. Die Gebäude werden abgekürzt zu Zeichen, die Bauwerk bedeuten, sie bekräftigen die Bildordnung, bilden nicht den Raum, sondern geben den Ort des Ereignisses an. Die gesamte bildparallele Inszenierung mit Figuren und Versatzstücken ist Begleitung und Bekräftigung der Gestalt Christi, der heilend und wundertätig mit Blick und Gebärde die Szene beherrscht. Der Rahmen ist so interessant wie die Bilderzählung: Die epischen Bilder haben einen verbindenden Sockel in Gestalt eines perspektivischen *Mäanderbandes*, das mit seinem wohlüberlegten Farbwechsel, seinem architektonischen Bau und seinen präzisen Rhythmen zu den raffiniertesten Bildungen ottonischer Malerei zählen kann.

Der erzählerische Stil hat seine Entsprechungen in der Buchmalerei, etwa im Codex Egberti (Abb. 104) und den nachfolgenden Zyklen. Dort finden sich die gleichen Reduktionen auf Blick und Gebärde und verwandte Abstraktionen der bildräumlichen Elemente. Dennoch kann aus den bedeutenden Fresken nicht auf eine bedeutende *Reichenauer Werkstatt* der Buchmalerei geschlossen werden. Die *Freskomaler* waren unterwegs, realisierten ihre Aufträge und zogen weiter. Aus den Fresken der Reichenau kann man nur schließen, daß sie im letzten Viertel des 10. Jh. dort anwesend waren. Diesen Malereien stehen die benachbarten *Fresken* in der *Silvesterkapelle zu Goldbach* bei Überlingen nahe; ihr Erhaltungszustand ist schlecht, ihre Entstehungszeit

gegen Ende des Jahrhunderts ist wahrscheinlich. Die Körperbildung ist hier entsprechend der Entwicklung in der Buchmalerei härter, schärfer, metallischer. Der Zyklus enthält Wunderszenen, Apostelbilder und Stifterporträts.
Weniger bedeutend, aber als weiterer Rest interessant, sind die um einige Jahrzehnte späteren *Fresken der Andreaskirche am Neuenberg* bei Fulda. Das sind einige Reste im Norden. In Italien ist die Überlieferung nicht viel dichter. Hier überragten die *Fresken von S. Pietro in Civate* den Umkreis des Vergleichbaren. Zumal die berühmte Darstellung des apokalyptischen Drachenkampfes (vgl. Grabar, Schrade) ist geeignet, den Rang der Freskomalerei zu bestätigen, auch ihre besonderen aus der Nähe zur Architektur folgenden Eigenschaften zu demonstrieren. Dieses nach Form und Gehalt dem Rundbogen sich einfügende Werk gehört bereits in die Genealogie romanischer Tympanonreliefs des Languedoc.
Unvergleichlich reicher überliefert ist in ottonischer Zeit die *Buchmalerei*. Nach wie vor ist sie Zentrum der bildkünstlerischen Entwicklung. Die ottonische Buchmalerei begann mit der Herstellung von *Kopien* nach karolingischen Hauptwerken. In den Kopien zeigt sich freilich von Anfang an, wie sehr karolingische Form bereits unwiederbringlich vergangen war, Vorbild und Muster zwar, aber zugleich Rohmaterial für neue Verwandlungen, Steinbruch für brauchbare Motive. Was ursprünglich sehr wichtig

103 PADERBORN, BARTHOLOMÄUSKAPELLE. 1017 von Bischof Meinwerk „durch griechische Bauleute“ errichtet. Ein im westlichen Abendland einmaliger Bau: dreischiffige Hallenkirche, die Schiffe sind durch Säulen voneinander getrennt. Es entsteht jedoch zugleich der Eindruck eines Zentralraumes, denn jedes von vier Säulen gebildete Raumkompartiment wird von einer Hängekuppel überwölbt.

104 KREUZABNAHME UND GRABLEGUNG. Codex Egberti. Trier. Um 980. Trier, Stadtbibliothek Cod. 24, Fol. 85v. Das Bild gehört dem ersten großen erzählerischen Bildzyklus der ottonischen Kunst an. Wiederaufnahme einer vorkarolingischen, spätantiken Tradition. Neuartig die klare, kühle, in den Details sehr zarte Formensprache, die Reduktion der Gestalt auf Blick und Gebärde.

105 OTTO III. Aachener Otto-Evangeliar. Trier. Um 1000. Aachen, Domschatz Fol. 16r. Ein kompliziertes, anspielungsreiches Bild. Der Kaiser, christusgleich in der Mandorla thronend und umgeben von den Evangelistensymbolen, gekrönt von der im Scheitelpunkt des Bildes erscheinenden Hand Gottes. Den Thron des Kaisers und christusähnlichen Kosmokrators trägt in atlantenhafter Haltung Terra (vgl. zum Typus Abb. 51). Das Band, das die vier Wesen halten, verweist auf die vier Evangelien. Auf der gegenüberliegenden Seite mit dem Bild des Liuthar, der das Buch überreicht, erläutert eine Inschrift: „Hoc Auguste Libro Tibi Cor Deus Induat Otto“ (Mit diesem Buch, Otto Augustus, umkleide Gott dein Herz). Neben der Mandorla huldigende Könige, unten zwei Krieger und zwei Geistliche.

106 MATTHÄUS. Aachener Otto-Evangeliar. Trier. Um 1000. Aachen, Domschatz Fol. 21v. Matthäus schreibend, eine schlanke, hohe, feingliedrige, geistreiche Gestalt in nachdenklicher Haltung. Um seinen Nimbus legt der in Halbfigur erscheinende Engel ein Schriftband; gemeint ist das Matthäus-Evangelium, gesprochenes Wort des inspirierenden Engels. Eine Variante der Vermittlung der Inspiration durch den Nimbus. In diesem Fall sind bei aller Verschiedenheit der Form vorkarolingische, irisch-angelsächsische Kombinationen zu zitieren (vgl. Lindisfarne-Evangeliar, Abb. 19). Der malerisch subtile Liutharstil setzt mit spekulativer Kühnheit den Stil der Gruppe um den Gregoriusmeister fort.

IOSEHP
NICODEMUS
HORTUS
NICODAMUS · Z · IOSEHP

war und die Bildgestalt begründete, wird nicht mehr gesehen. So geraten etwa im *Gero-Codex* (Abb. 118), einer Kopie nach dem damals in Lorsch aufbewahrten Codex der Hofschule, dessen Teile heute in Rom und Bukarest sich befinden (Abb. 117), die alten Gefüge aus dem Gleichgewicht. Die innere Gliederung der Rahmenarchitektur wird überspielt, die Gestalt ragt weit in das Bogenfeld hinein; das Vorbild wird nicht mehr verstanden. Neue Formen kündigen, noch unentschieden, sich an.

Was im Gero-Codex undeutlich erkennbar war, eine neue Vorstellung von Gestalt, Raum und Bild, kommt sehr rasch in anderen Werken zu konkreter Gestalt: im *Codex Egberti* (Abb. 104, 107), im *Evangeliar der Sainte Chapelle* (Abb. 119), Werken aus dem Umkreis des *Registrum Gregorii,* dessen Meister zu den herausragenden Künstlern des ausgehenden 10. Jh. gehört, dann in der *Liuthargruppe.*

Die gesamte *Liuthargruppe* wurde bisher auf der *Reichenau* lokalisiert, auch der *Gero-Codex* und diejenigen Teile des *Codex Egberti*, die nicht näher mit dem Trierer Gregoriusmeister zusammenhängen. Das Problem der Lokalisierung der frühen Werke war in letzter Zeit umstritten, vieles ist noch ungeklärt. Die Reichenau ist fast ein mythischer Begriff. Wenn von ottonischer Buchmalerei die Rede ist, dann ist zumal die „Reichenauer“ gemeint. Solange an der Entstehung der gesamten Liuthargruppe auf der Reichenau festgehalten wurde, während der für diese Gruppe überaus wichtige *Gregoriusmeister* in *Trier* zweifelsfrei lokalisiert war, konnten die Schwierigkeiten der Zuordnungen nicht beseitigt werden. Der *Codex Egberti* wurde, wie der Titulus des Widmungsbildes andeutet, von zwei Reichenauer Mönchen hergestellt, einige der Bilder aber wurden von Carl Nordenfalk als Werke des Gregoriusmeisters identifiziert, der in Trier arbeitete. Für den Trierer Erzbischof *Egbert*, in seinem Auftrag, wurde der Codex hergestellt. Andererseits ist eine Bedeutung für die Liuthargruppe ebenso unbestreitbar wie die Tatsache, daß der *Gregoriusmeister* mit seinem *Kaiserbild* (Abb. 109) mindestens eines der in der Liuthargruppe mehrfach wiederkehrenden Modelle geschaffen hat.

James Dodwell hat mit schlüssigen Argumenten und einer kritischen Überprüfung der Lage dieses Scheinproblem mit einiger Überzeugungskraft gelöst. Sein Resultat: Es gibt kein stichhaltiges Argument für die Existenz einer *Reichenauer Malerschule*, wohl aber sehr viele Hinweise auf die *Trierer Werkstatt.* Das Schlüsselwerk, der *Codex Egberti*, ist wahrscheinlich in Trier entstanden.

Eines der Argumente für die Lokalisierung der Liuthargruppe auf der Reichenau, und zwar das entscheidende, war ihre Nähe zum dort lokalisierten Codex Egberti. Wenn dieses Argument hinfällig wird – und Dodwells Beweisgang erscheint zwingend –, dann fallen auch alle davon abgeleiteten Argumente zugunsten der Reichenau in sich zusammen, und es besteht kein Anlaß mehr, der Hypothese einer Reichenauer Malerschule weiterhin zu folgen. Die Mehrzahl der Werke kann dort entstanden sein, wo ohnehin die wichtigeren Vorbilder versammelt waren, nämlich in *Trier* und in denjenigen Klöstern, die mit den weitreichenden Einflüssen der Trierer Zentren und des Erzbischofs Egbert nachweislich zu tun hatten.

106 Zu dieser sehr vielgestaltigen *„Trierer Gruppe“* gehört überdies eine so große An-

zahl von Werken, daß man mit der Entstehung einiger Arbeiten in anderen Werkstätten rechnen muß. Nicht zu dieser Serie gehört der bislang als Reichenauer Werk geltende *Gero-Codex* (Abb. 118). Es fällt nicht schwer, ihn vom übrigen zu sondern. Mit den Hauptwerken hat er wenig gemeinsam, Dodwell schlägt vor, ihn dort zu lokalisieren, wo sich sein Vorbild befand, eben in *Lorsch*.
Eine einfache und in den Details gesicherte Indizienkette ist einer mit unsicheren Hypothesen belasteten vorzuziehen. Daher spricht sehr vieles für die Thesen Dodwells, nichts gegen sie. Andrerseits ist offensichtlich, daß der Gruppe des „Gregoriusmeisters" Werke folgten, die schon der Absicht nach anders sind.
Als einer der ersten ist der Stil des *Gregoriusmeisters* kenntlich, der auch am *Codex Egberti* mitgearbeitet hat und in dessen Umkreis das folgenreiche *Evangeliar der Sainte Chapelle* (Abb. 119) entstand. Hauptwerk des Trierer Meisters sind die beiden Blätter aus einem *Registrum Gregorii*, das *Bild Gregors* (Abb. 108) und das *Kaiserbild* (Abb. 109). Gregorius thront annähernd in der Bildmitte in der großen Arkade, er ist als Inspirierter dargestellt, lauscht den Worten des Heiligen Geistes, der in Gestalt der Taube auf seiner Schulter sitzt. Gregor diktiert. Der Schreiber sitzt hinter dem Vorhang, damit das Geheimnis der Inspiration des Papstes verborgen bleibe, aber der Schreiber ist neugierig, nutzt die Diktierpause, bohrt ein Loch in den Vorhang und sieht, was geschieht. Legenden dieser Art sind nicht selten, Geheimnis und Neugier gehören schließlich zusammen. Die Neugier hat dabei eine durchaus doppelsinnige Funktion: Zwar galt sie als frevelhaftes Eindringen in verborgene Geheimnisse, andererseits sorgte sie im richtigen Moment für den Augenzeugen. Denn der Neugierige, der „es" gesehen hatte, bestätigte die Richtigkeit der Wundergeschichte.
Interessant ist die Rolle der *Architektur*. Sie bezeichnet als Abbild, als Abbreviatur eines Kirchenbaus, seinen Ort. Sie ist Zeichen für den realen Bau einer Kirche, Hinweis auf „Ecclesia", deren Zentrum der Papst bildet. Sie bezeichnet zugleich seinen Rang. Dazu reicht das Abbild aber nicht aus: Die Hoheitsform der Rahmenarkade war unerläßlich. Sie wurde daher mit der abbildlichen Architektur vereinigt, in sie hineingeblendet oder aus den in ihr bereits angelegten Bedingungen entwickelt. Eine der Arkaden des Bauwerks gewinnt Höhe und Breite. Sie umgibt als innerer Rahmen die Gestalt. Der bedeutungssteigernde Rahmen für die herausragende Gestalt wird so in das Bild hineinprojiziert. Das ist eine Umkehrung des in den karolingischen Hofschulen geläufigen Verfahrens. Immer befand sich dort das Abbild von Architektur innerhalb des Bogens.
Dieses Bild kann den Beginn ottonischer Malerei ungeachtet mancher Vorstufen schon deswegen bezeichnen, weil es an Präzision des Einsatzes künstlerischer Mittel wenig seinesgleichen hat. Außerdem war es folgenreich. In der *Kölner Buchmalerei* hat es deutliche Spuren hinterlassen, kulminierend in den Raffinessen der zweiten Phase der Kölner Werkstatt, etwa im *Evangeliar des Kölner Priesterseminars* (Abb. 122).
In der *Liuthargruppe* begegnen Umkehrungen von Architekturbild und Bildarchitektur zumal in den erzählenden Bildern immer wieder, auch Verschränkungen und Verdoppelungen, so daß innerer Bogen und äußere Bogenrahmung einander entsprechen.

Einige der artistischen Mittel der Liuthargruppe setzten die Arbeit des Gregoriusmeisters voraus.
Das *Kaiserbild* (Abb. 109), das einen der Ottonen, wahrscheinlich *Otto II.*, darstellt, hat mit seiner Baldachinarchitektur unmittelbare Fortsetzung im Hauptwerk der Liuthargruppe, dem *Evangeliar Ottos III.*, und in einem Bamberger Fragment. Charakteristisch, daß die Bildarchitektur des Gregorbildes auf einen Kirchenbau verweist, der Baldachin des Kaisers aber auf einen Zentralbau, dessen vier Säulen (nur drei sind dargestellt) die Welt meinen. Ihnen entsprechen die vier Teile des Reiches, die huldigenden Provinzen, deren jede eine Kugel trägt als Verweis auf den Reichsapfel, das Symbol der Weltherrschaft. Im übrigen steckt in der Baldachinarchitektur das alte Weltmodell des Beda Venerabilis. Sie ist in ihrer Bedeutung verwandt der kaiserlichen Architektur der Aachener Pfalzkapelle. Papstbild und Kaiserbild standen einander ursprünglich gegenüber und gehören zusammen.
Verwandt und in vielem andersartig ist der *Codex Egberti* (Abb. 104, 107). Seine langen Bilderzählungen, in denen jeweils zwei breitformatige Bilder das Bildrechteck füllen, gehören verschiedenen, unterscheidbaren Meistern an; unter ihnen befindet sich auch der *Meister des Registrum Gregorii.* Sie verweisen auf eine hochentwickelte Werkstatt mit reichem Bestand an Präzedenzfällen in alten, längst verlorengegangenen Handschriften spätantiker Tradition. Das Widmungsbild mit den beiden von der Reichenau stammenden Mönchen, die das Werk dem Auftraggeber Egbert überreichen, ist anders, erst recht die *Evangelistenbilder* (Abb. 107). Ihre mannigfaltig vergitterten Hintergründe, die jede räumliche Tiefe verhindern, haben einige Vorstufen. Zu ihnen gehört der *Egbert-Psalter* in Cividale. Reste karolingischer Gestaltbildung, auch Vorkarolingisches, St. Gallener Überlieferung sind hier noch deutlich zu erkennen, und die ornamentalen Gitter der Hintergründe wären auch in Bronze oder Eisen vorstellbar.
Andrerseits gehört zu den Voraussetzungen des Codex Egberti das *Poussay-Evangeliar* aus St. Gallen, ein Spätwerk aus der Nachfolge des Ebo-Evangeliars. Entsprechend ottonischer Tendenz sind dort die räumlichen, landschaftlichen, architektonischen Elemente verschwunden oder weitgehend reduziert. Die kosmologische Bedeutung ist nicht mehr so bildbestimmend, die Evangelistensymbole dringen von der Bildecke her schräg herabstoßend in das Bildfeld ein, aus einem nicht mehr bildhaft realisierbaren Bereich jenseits der Rahmenkante kommend. Das hat in der Kölner Malerei einige Nachfolge, auch in der Salzburger Werkstatt. Im Codex Egberti gelingt mit der strengeren Symmetrie eine weitere Steigerung. Das inspirierende Wesen stößt, aus der Mitte der oberen Rahmenkante kommend, senkrecht auf den Inspirierten herab. Das kulminiert im Bild des Johannes, dessen starr aufgerichtete Haltung dem senkrechten Pfeil des herabstoßend inspirierenden Adlers entspricht. Starr und weitgeöffnet blicken, gebannt und bannend, die Augen, entrückt und das Gegenüber durchdringend. Dieser starre, gebannte und den Betrachter durchdringende Blick der Evangelisten des Codex Egberti hat unmittelbare Fortsetzungen in der Liuthargruppe, gehört ihr bereits an, er findet seinen Höhepunkt in den Evangelistenbildern des Evan-

geliars Ottos III. Er hat aber auch seine Voraussetzungen. Zu ihnen gehören spätantike Werke, in denen dieser senkrecht zur Bildfläche den Betrachter durchbohrende Blick bereits realisiert wurde, auch das Kolossalbildnis Konstantins gehört dazu (vgl. Bd. IV, Abb. 18). Näher steht diesem Blick der weitgeöffneten Augen die irisch-angelsächsische Kunst mit ihren Ablegern in St. Gallen.

Das sind Voraussetzungen der *Liuthargruppe*. Sie enthält diejenigen Werke, die als charakteristisch für die ottonische Kunst gelten. Tatsächlich ist hier eine höchste Steigerung ihrer bildnerischen und gedankenreichen Möglichkeiten als Kombination symbolischer Formen erreicht.

Zur Liuthargruppe gehört das *Aachener Otto-Evangeliar* (Abb. 105, 106), dessen Meister für die Gruppe namengebend war. Sodann gehört dazu ein *Jesajaskommentar*, eine *Danielhandschrift* (Abb. 110) sowie ein *Tropar*, drei *Bamberger Werke*. Dort befanden sich ursprünglich auch die *Münchner Codices Clm 4452, Clm 4454* und *Clm 4453*, das *Evangeliar Ottos III*. (Abb. 111, 112, 113). An das Ende dieser Entwicklung gehört die *Bamberger Apokalypse* (Abb. 114). Dem wären einige andere Handschriften ergänzend hinzuzufügen, etwa der *Codex Barberini* in Rom (Bibl. Vat. Barb. Lat. 711), der eine gewisse Hilfestellung bei der Deutung des Evangeliars Ottos III. liefert, oder das späte und kompilatorische *Evangeliar der Kölner Dombibliothek* aus Limburg. Diese und einige andere Werke bilden mit den voraufgehenden „Egberti-Codices" ein dichtes Geflecht von Beziehungen. Für einige Evangelistenbilder ist das aus Trier stammende *Evangeliar der Sainte Chapelle* (Abb. 119), an dem der Gregoriusmeister beteiligt ist, Vorbild, während die geradlinige Fortsetzung der Bildgestalt dieses Werkes in der starren Pracht der *Echternacher Werkstatt* mündet. Hinzu kommen die Interferenzen dieser Trierer Gruppe mit der Kölner Schule, wo zumal die im Gregoriusbild sichtbaren Tendenzen weitergebildet werden und sich mit dem „malerischen" Stil der Kölner Werkstatt überkreuzen. Die Ausstrahlung übergreift nun größere Räume, die Formen wandern schneller, begünstigt wahrscheinlich durch die starke Fluktuation der Malermönche und das dichter gewordene Netz von Werkstätten. In einer vorher nicht gekannten Weise wird derart die Entstehung regionaler Stile möglich, die über die früheren Werkstattstile hinausgreifen.

Der Name *Liuthargruppe* ist dabei ein Pseudonym für einen schwierigen Komplex, ein Verständigungsmittel, eine Konvention, ein Sprachspiel. Er deckt eine künstlerische Entwicklung, die im Frühen Mittelalter an Konsequenz nicht ihresgleichen hat. Er umgreift einige gemeinsame Merkmale, die vom *Aachener Evangeliar* bis zur *Bamberger Apokalypse* annähernd konstant bleiben. Überdies sind bei aller Mannigfaltigkeit der Kurven und Verzweigungen einige gesonderte Phasen auszumachen.

Der Stil des Aachener Otto-Evangeliars ist für die erste Phase bestimmend: feine, zartgliedrig überlängte Körperbildung (Abb. 106), Reichtum malerischer Nuancen, deren aquarellhafte Durchsichtigkeit die Eleganz der Gestaltbildung bekräftigt und nirgends die präzise Zeichnung, das Bildgerüst aus gespannten Konturen verbirgt. Dem entspricht die Bestimmtheit der bildnerischen Ziele, die Kühnheit der Erfindung und die Kombination der Bildzeichen, die oft absurd und phantastisch erscheinen, aber nicht

an der Realität zu messen sind, sondern an den realisierten Gedanken. So mag es sonderbar erscheinen, daß sich den Evangelisten des Aachener Evangeliars ein Schriftband um den Nimbus legt, das von dahinter aufflackernden Evangelistensymbolen gehalten und von den Evangelisten mit den Händen ergriffen wird. Um den Nimbus als Lichtschein und Kraftfeld legt sich das höchst materielle pergamentene Band, das seinerseits etwas Immaterielles, das Wort, meint. Die Aufeinanderfolge der symbolischen Formen ist konsequent. Für Inspiration als Berührung des *Nimbus* und die Bedeutung des Nimbus als Kraftfeld gibt es mannigfaltige Beispiele. Der „Tritt an den Nimbus" des Würzburger Lukas (Abb. 40) gehört zu den drastischen Formen, hat aber bereits im angelsächsischen Bereich seine Vorstufen, dort finden sich auch Entsprechungen für die Erscheinung des Evangelistensymbols hinter und über dem Nimbus, etwa im *Lindisfarne-Evangeliar* (Abb. 19). Der gestufte Wechsel der Realitätsgrade folgt hier vor allem der angelsächsischen Tradition, vermittelt durch St. Gallen. Prägungen dieser Art sind im übrigen Voraussetzungen des Evangeliars Ottos III. Zu den interessantesten Kombinationen dieses Codex gehört das *Kaiserbild* (Abb. 105). Es stellt einen der Ottonen (Otto III. wahrscheinlich) mit den Attributen des Kosmokrators dar, umgeben von der *Mandorla*, dem vieldeutigen Weltsymbol und Attribut Christi, sowie den Evangelistensymbolen, dem deutlichen Zeichen der Christus-Ähnlichkeit und Weltherrschaft. Indessen halten sie hier ein Schriftband, das, wie der Titulus der gegenüberliegenden Seite zu verstehen gibt, darauf verweist, daß der kosmokratorhafte Kaiser seine Herrschaft auf die Evangelien gründet, das Buch, das „sein Herz umkleidet". In seinen Einzelheiten aber ist das ungewöhnliche Werk eine Weiterbildung karolingischer, näherhin turonischer Modelle, zu denen auch das Bild Karls des Kahlen in der Grandvalbibel gehört.
Die Mandorla ist freilich nicht allein Christusattribut. Sie wechselt zwischen verschiedenen Bedeutungen, zwischen kosmischem Symbol und „Raum der Gestalt" schon im karolingischen Jahrhundert, und daran ändert sich nichts in ottonischer Kunst, eher sind die möglichen Varianten noch reicher und ihre Bedeutungen noch übertragbarer geworden. So umgibt eine kreisförmige Mandorla die beiden Erzväter der Musik im Bamberger Tropar; der eine, *Jubal*, verweist auf Instrumentalmusik, der andere, *Boëthius*, auf Vokalmusik, beide Erscheinungsformen sakraler Musik meinen die Sphärenharmonie. Entsprechend schweben die Inspiratoren geistlicher Musik in kreisförmiger Mandorla als kosmische Erscheinungen über den Musikern und Sängern. Die beiden Bilder gehören in den Bedeutungsbereich des *„David, Rex et Propheta"* der Viviansbibel. Die Verallgemeinerung der Symbole aber zeigt sich darin, daß von der Mandorla des Boëthius Strahlen herabschießen auf die Sänger, analog dem Modell der Inspiration des Heiligen Geistes in ottonischen Pfingstbildern. Dort kommen die Strahlen aus konzentrischen Kreisen, Symbolen des Kosmos wie der Sphärenharmonie, so daß für Vokalmusik und Pfingstinspiration, gesungenen Text und überall verstandene Sprache des missionarischen Auftrags ein und dieselbe symbolische Form eintreten kann. Nicht-Darstellbares, für das angemessene Bildzeichen aber als Formulierungen von Gedanken längst verfügbar waren, wird derart anschaulich realisiert.

SCS IOHANNES

Die Bildzeichen sind so reichhaltig wie die Realität und geeignet, kurz und prägnant in analogen Bildungen und Übertragungen, auch als Formeln, Zusammenhänge zu vergegenwärtigen. Sie garantieren zugleich eine Freiheit der gedankenreichen Kombination innerhalb der Grenzen des heilsgeschichtlich bestimmten Weltbildes, die oft in den Texten kein Äquivalent hat, wohl aber in ihrer Bedeutung als Text. Der *Bamberger Danielkommentar* enthält einige Bilder, die als phantastisch erscheinen, etwa das *Initial* mit der *Inspiration des Daniel* (Abb. 110), ein blumenhaft rankenreiches, ornamentales Gebilde, eine freie Buchstabenphantasie, in deren Verzweigungen Daniel sich eingenistet hat mit seinem inspirierenden Engel. Die Inspiration des Propheten aber hatte mannigfaltige Entsprechungen in der Geschichte der Darstellung der Inspiration durch die Muse, durch Athena oder die Heilige Weisheit und den Engel des Matthäus. Andrerseits wird in ottonischer Zeit das *Initial* wieder so gedankenreich und wichtig wie in der vorkarolingischen Malerei. In der karolingischen Kunst war es nur selten Gegenstand derart ausschweifender Kombinationen (im Drogo-Sakramentar, gewiß, aber sonst selten).

Das gehört zur ersten Phase der Liuthargruppe. In den folgenden Werken zeigt sich

107 JOHANNES. Codex Egberti. Trier. Um 980. Trier, Stadtbibliothek Cod. 24, Fol. 6r. Strenge Vertikalität der Gestalt, weitaufgerissene Augen, starrer, fixierender Blick des inspirierten Evangelisten. Raumloser, vergitterter Hintergrund. Die Bildgestalt ist eine Synthese von Elementen, die bereits vorher geläufig waren. So stammt der Thron des Evangelisten aus Reims und Tours; der starre, gebannte Blick hat nur in der irisch-angelsächsischen Buchmalerei Entsprechungen. Zwar ist dort die Gestaltbildung völlig anders gewesen, doch ist direkter Einfluß über St. Gallen wahrscheinlich, auch gingen nachkarolingische Mischformen voraus. Dieser Blick bleibt Leitmotiv der Werkstatt.

108 GREGOR DER GROSSE. Registrum Gregorii. Trier. Um 983. Trier, Stadtbibliothek. Der Meister des Registrum Gregorii, eine der stärksten Künstlerpersönlichkeiten der ottonischen Zeit, war auch am Evangeliar der Sainte Chapelle und am Codex Egberti beteiligt. Kennzeichnend für seinen Stil ist zeichnerische Präzision, Klarheit und Übersichtlichkeit des Bildbaus, kühle, helle Farbigkeit bei ungewöhnlicher Subtilität der Übergänge. Interessant ist hier die Rolle der Architektur: Sie ist abbildlich zu verstehen und bildet zugleich den bedeutungssteigernden Rahmen für die Gestalt des inspirierten Papstes, so daß der große Bogen zu einer inneren Rahmung wird. Das Prinzip der inneren Hoheitsrahmen, die aus Abbildern von Architektur herausentwickelt werden, wurde dann vor allem in der zweiten Phase der Kölner Malerei angewandt (vgl. Abb. 122).

109 KAISER OTTO. Registrum Gregorii, Einzelblatt. Trier. Um 983. Chantilly, Musée Condé. Zum Gregoriusblatt (Abb. 108) als Gegenüber gehörend. Beide zusammen repräsentieren geistliche und weltliche Macht. Der Kaiser thront mit den Insignien seiner Herrschaft, Krone, Szepter und Reichsapfel, unter einem Baldachin, umgeben von den Personifikationen der Teile des Reiches: Germania, Alemannia, Francia und Italia. Diese Konzeption wurde in der Liuthargruppe zweimal variiert (Abb. 111).

110 INSPIRATION DES DANIEL. Danielkommentar. Trier (?). Um 1000. Bamberg, Staatsbibliothek MS. Bibl. 22 IIb, Fol. 32. Ungewöhnlich kühne Kombination des Initials A mit der Inspirationsszene, wobei ornamentale Strukturen die Vermittlung herstellen. Die Erfindung ist charakteristisch für die frühe Liuthargruppe. Das Bild gehört auch nach Aufbau, Kolorit und Zeichnung in die unmittelbare Nachbarschaft des Aachener Otto-Evangeliars (Abb. 105, 106).

sowohl die Steigerung der vorhandenen Möglichkeiten als auch ihre konventionelle Weiterbildung in den Evangelistenbildern der Perikopenbücher, im allgemeinen aber zunehmende Bestimmtheit der Linie und abnehmende Mannigfaltigkeit der Farbe. Die Kontraste werden härter, die Konturen schärfer, metallischer, die Farben flächiger und das Ganze härter, raumloser. Die gleitenden Zwischentöne verschwinden. Die Prägnanz der Form aber, auch die Gestaltbildung, ist gleichartig geblieben, eher gesteigert. Die Entwicklung des Bildraumes tendiert zur „Zweischichtigkeit" einer Überblendung von aktionsreichen bildparallelen Figurenräumen mit einer unbestimmten Hintergrundsschicht, die nicht mehr illusionistisch definiert ist, in der die räumlichen Details zu zeichenhaften Andeutungen werden. Die Konsequenz ist der Goldgrund, der raum- und gestaltlose Farbglanz, sakrale Monochromie. Er nimmt in dieser Entwicklung merklich zu, kulminierend in der *Bamberger Apokalypse* (Abb. 114).
Die zunehmende Härte der Konturen und die entsprechend gesteigerte Leuchtkraft der Farben mag ein Vergleich der verwandten *Kaiserbilder des Gregoriusmeisters* (Abb. 109) und des *Evangeliars Ottos III.* (Abb. 111) belegen. Im gleichen Evangeliar aber kulminiert ottonische Form in dem Viererzyklus der Evangelistenbilder, dessen Höhepunkt das *Lukasbild* (Abb. 113) ist, Inbegriff ottonischer Malerei.
Die Bilder dieses Zyklus wurden oft in Wendungen beschrieben, die ihrer gesteigerten Kühnheit der erfinderischen Kombination gerecht zu werden suchten. Von „visionären Evangelisten" war die Rede, von der bannenden Kraft ihres Blicks, der als außer sich erscheinend umgreift, was er in sich hat. Die Bilder sind in der Tat schwer zu beschreiben. Sie sind singulär, Resultate eines ottonischen Gedankens, der Formulierungen erlaubte, die weder früher noch später möglich waren. Die Beschreibungen, Deutungen, Kontroversen über den Bedeutungsgehalt sind zahlreich (zuletzt: K. Hoffmann). Karolingische Versuche, die vier Evangelien als Einheit darzustellen, haben hier ihre Fortsetzung. (Anbetung des Lammes, Lebensbrunnenbild im Medardus-Evangeliar sowie Kanontafeln.) Das stellen auch die vier Evangelisten des Otto-Evangeliars dar. Ihre Einheit in der Vierzahl zeigen die Formen der Mandorla. Die vier Evangelisten sind christusgleiche Gestalten. Die Tituli sowie die Szenen der unteren Zone bekräftigen dies.
Es handelt sich nicht um Analogien zu Atlanten, obgleich die Anspielung durch die verwandte Konzeption des Codex Barberini und entsprechende Formulierungen dieser Handschriftengruppe naheliegt. Was die Evangelisten mit den Händen greifen, was Lukas mit gereckten Armen „hochstemmt", ist ein visionäres Gebilde aus kreisenden Wolken, in denen Propheten in Halbfiguren erscheinen und in ihrer Mitte der Stier. Wolken haben hier mannigfaltige Bedeutung, zunächst einmal sind sie Symbole der Epiphanie, der kosmischen Erscheinung, auf die auch die Halbfigurigkeit der Propheten verweist. Gemeint ist die allegorische Einheit von Altem und Neuem Testament und die Einheit der vier Evangelien.
Der Ausdruck „visionäre Evangelisten" meint den visionären durchdringenden Blick, der in sich enthält, was die Hände symbolisch umfassen. Blick und Gebärde und die Identität des über den Evangelisten Erscheinenden mit ihm selbst haben allerdings

◁ 108 △ 109

INCIPIT
LIBER

ihre Vorstufen im Aachener Otto-Evangeliar, im Codex Egberti, im Book of Kells, und die mannigfaltige Bedeutung der Mandorla ist hier nicht einmal etwas Besonderes. So erscheinen die vier als viergestaltige Erscheinungsformen des Logos, des Kosmokrators Christus, und das waren sie bereits zuvor.

Als letzter Höhepunkt kann die *Bamberger Apokalypse* (Abb. 114) gelten, in der, in flächiger Ordnung, vom Goldgrund gesichert und bedeutungsvoll gesteigert, die apokalyptische Vision sich entfaltet. In diesem Bildzyklus vollenden sich die Möglichkeiten dieses Stils. Eine weitere Entwicklung darüber hinaus ist nicht denkbar. Was folgte, war Ausbreitung und Übertragung der Grundformen, aber keine neue Erfindung. Die malerische Nuanciertheit ist verschwunden. Die Farben sind stark und flächig, kontrastreich. Die Andeutungen von Raumillusion, die spätantiken und karolingischen Reste sind getilgt. Die Figuren sind zu Zeichen geworden, ohne Körperlichkeit, konzentriert auf Blick und Gebärde. Dem ordnen die Konturen sich zu, die nicht mehr die federnde Spannung der früheren Werke haben, sondern starrer geworden sind, endgültiger, härter, oft bereits erstarrt.

Nirgends entfernt sich frühmittelalterliche Kunst weiter von der Antike, nirgends ist sie irrealer, abstrakter und der Aufgabe angemessener darzustellen, was anschaulich nicht darstellbar ist. Sehr rasch freilich wurde bereits in den folgenden Jahrzehnten diese extreme Position aufgegeben, sie war nur als Resultat ungewöhnlicher Konzentration unter besonderen Bedingungen überhaupt möglich.

Ein Ableger der Trierer Werkstätten ist *Echternach.* Die Echternacher *Evangelistenbilder* (Abb. 120) folgen dem *Evangeliar der Sainte Chapelle* (Abb. 119). Die Prachthandschriften dieser Werkstatt zeichnen sich durch erhöhten Reichtum und Luxus der Ausstattung aus, auch durch Perfektion in der Verwendung bereits verfestigter Bildzeichen, denen wenig Neues hinzugefügt wird. Sie sind „kaiserlicher" als alles andere, aber weniger geistreich, dafür repräsentativer und ohne den spekulativen Elan der Liuthargruppe. In der zunehmenden Verwendung kirchlicher Rangzeichen, der starken Architektonisierung mit dem Ziel der Verfestigung hieratischer Strukturen zeigt sich eine deutliche „Verkirchlichung" der Bildwelt.

Interessant ist der unverkennbar von den anderen Werkstätten unterschiedene Stil der *Regensburger Buchmalerei* (Abb. 121). Diese Werkstatt steigert, teilweise turonischen Vorbildern folgend, die dort bereits sichtbare Tendenz zur Bildgeometrie und setzt die gitterartig kunstvoll verschachtelten Gerüste aus Kreisen, Rauten, Rechtecken, Quadraten und Bögen zur Herstellung allegorischer Bildsysteme ein, in denen die Geometrie den Zusammenhang, die Symmetrien und die Verweise liefert, Heilsgeschichtliches mit kosmischen Symbolen engmaschig verschränkend. Das ist – wie Georg Swarzenski darlegte, dessen großes Corpuswerk über diese Werkstatt an Gründlichkeit von keinem vergleichbaren Unternehmen übertroffen wird – bildhafte Scholastik. Für den Reichtum künstlerischer Konzeptionen sind die extremen Positionen bereits charakteristisch. Dazwischen ist das Netz sehr engmaschig, von Salzburg bis Bremen sich erstreckend, mit alten Werkstätten, die noch tätig waren, und neugegründeten, die rasch das Normalniveau erreichten. Ein Skriptorium bestand auch in *Hildesheim,* dessen Produktion freilich erstaunlich durchschnittlich ist, gemessen an dem Rang dieses Kunstzentrums und seiner Leistung auf anderen Gebieten, der Architektur, der Plastik.

Die *Kölner Werkstätten* behaupten sich, als Zentren ersten Ranges, gegen die Trierer Werke und die Leistungen der Liuthargruppe und bilden als einzige bei engster Beziehung zu den Prägungen dieses Bereichs einen äußersten Gegenpol. Man kann das Verhältnis zwischen diesen beiden Werkstattstilen etwa mit dem Gegensatz der Hofschule Karls d. Gr. zur Reimser Werkstatt vergleichen. Das folgt teilweise aus der Wahl der Vorbilder: Jede ottonische Werkstatt setzt die Tendenz einer karolingischen zunächst einmal fort, verbindet sie mit anderen Vorbildern, neuen Elementen, verwandelt sie gemäß den Zielen und Möglichkeiten, aber Ausgangspunkt der Phantasie ist wie immer die als vorbildlich erkannte voraufgehende Kunst.

Was bei aller Gegensätzlichkeit die verschiedenen Werkstätten miteinander verbindet, ist die vorherrschende Tendenz zur Bilderzählung bei beträchtlicher Vermehrung der Bildthemen und bildhaften Allegorien.

In der *Kölner Buchmalerei* ist diese Vermehrung der möglichen Bildthemen so gut zu beobachten wie irgendwo anders. Was die Unterschiede zu anderen Werkstätten begründet, ist der malerische Stil. Charakteristisch ist das Hauptwerk, der *Hitda-Codex* (Abb. 116). Die Farben sind stark und leuchtend: Zinnober, verschiedene Grüntöne, Blau und Gelb, seltener die vermittelnden Tönungen, Ocker und Braun; Farben dominieren, die starke Kontraste bilden. Die Vermittlung besorgt hier vor allem Weiß, das an den Rändern getönt ist. Der Farbauftrag ist pastos, um scharfe Konturen nicht sonderlich bemüht. Überhaupt ist die Bildgestalt von architektonischen oder geometrisierenden Elementen (zeichnerischen in beiden Fällen) ziemlich frei. Entsprechend fehlt die architektonische Rahmung, statt dessen sind die Bilder tafelbildartig gerahmt. dem auch nach karolingischer Tradition und Bewußtsein offenbar selbstverständlichen Verfahren, Landschaft, Raum, Nicht-Architektonisches zu umgeben. Darin entfaltet sich ein farbiger Raum von einiger Kompliziertheit. Die Farben bilden Raumhöhlen, sie sondern farbige Ränder aus, verschränken sich ineinander, überschneiden den Bildrahmen, als ob von außen etwas eindringe, und in jedem Fall bilden derart entstehende Räume kein einheitlich illusionistisch geschlossenes Ganzes, sondern sie umgeben die Gestalten, trennen sie voneinander und vermitteln sie dem benachbarten gestaltbezogenen Raum. Diese Rolle des Bildraumes ist vorgebildet im Ebo-Evangeliar, auch im Utrecht-Psalter. Der Bildraum wird auf die agierenden Gestalten bezogen, bildet deren Aura und verschmilzt mit ihrem Nimbus, wird zum Kraftfeld der szenischen Beziehung, der Einwirkung und der Absonderung.

In der folgenden Phase der Kölner Malerei wird diese Position aufgegeben, aber mit gesteigerter Raffinesse das Wechselspiel von Rahmen und Architektur weitergetrieben. Wenn der Rahmen, die Evangelisten umgebend, vom inspirierenden Wesen überschnitten wird, dann wird deutlich, daß in den interieurhaft bestimmten Raum des Evangelisten etwas eindringt, das diesem Raum nicht angehört, einen anderen Weltort hat, der hier aber nicht näher definiert wird. Gestalt und Rahmen bilden eine be-

stimmte räumliche Struktur, außerweltlich Einbrechendes befindet sich zugleich außerhalb des Rahmens, der einen bestimmten Raum umgrenzt.

Die nächste Phase mit dem *Evangeliar im Kölner Priesterseminar* (Abb. 122) bildet den Höhepunkt. Der Rahmen umgibt ein Architekturbild, das als Kirchenbau erkennbar ist. Einer der großen Bögen wird in der Mitte des Bildes zum inneren Rahmen, auch zur bilderrahmenhaften Aussonderung des Zentrums, darin thront der Evangelist. Seine zugeordneten symbolischen Wesen kommen aus Luken und Fenstern, überschneiden Gesimse und winden sich unter Dach und Giebelkanten hervor, gegen alle Wahrscheinlichkeit und auch gegen alle Tradition, ohne Hinweise auf die alte kosmische Bedeutung, die hier die abbildlich gemeinte Kirchenarchitektur übernimmt.

111 KAISERBILD. Evangeliar Ottos III., Trier (?). Um 1000. München, Bayer. Staatsbibliothek. Clm 4453, Fol. 23v. Der Kaiser, umgeben von Würdenträgern, zugehörig auf der gegenüberliegenden Seite huldigenden Provinzen. Vorbild war die Kaisergestalt des Registrum Gregorii (Abb. 109). Die flächige Abbildung des Bauwerks ist eine Weiterbildung des Bauwerks aus dem Papstbild (Abb. 108). Verändert wurde vor allem die Farbgebung: Sie ist härter, kälter, kontrastreicher und flächiger geworden; an die Stelle der leisen Bestimmtheit des Gregoriusmeisters tritt hier programmatische Direktheit.

112 DIE FUSSWASCHUNG. Evangeliar Ottos III. Trier (?). Um 1000. München, Bayer. Staatsbibliothek. Clm 4453, Fol. 237r. Mit Bildern dieser Art kulminiert die ottonische Entwicklung der szenischen Darstellung und der Gebärdefigur. Interessant wiederum die Rolle der Architektur: Sie bildet mit Säulen und Architrav den bedeutungssteigernden Rahmen der Gestalt Christi. Das bekräftigt noch die Goldfolie, während daneben der übliche Streifengrund beibehalten wird. Darüber aber in der „Himmelszone" feingliedrige Stadtarchitektur als Himmlisches Jerusalem, eine für die Methoden des ottonischen Architekturbildes interessante Mischung aus antiker und „umgekehrter" Perspektive.

113 LUKAS. Evangeliar Ottos III. Trier (?). Um 1000. München, Bayer. Staatsbibliothek. Clm 4453, Fol. 139v. Die „visionären Evangelisten" dieses Codex gehören zu den anspielungsreichsten und gelehrtesten Erfindungen ottonischer Kunst (Konrad Hoffmann). Dargestellt ist der Evangelist, in der Mandorla christusgleich schwebend, mit weitaufgerissenen Augen, starrem, bannendem Blick. Die hochgereckten Arme halten Ungreifbares: In den Wolkenkreisen mit dem Stier im Zentrum erscheinen als jenseitige Vision die Halbfiguren der Propheten David, Nehemias, Nahum, Habakuk und Sophonias, von denen Strahlen ausgehen. Diese doppelte Vision, denn der Evangelist selbst erscheint bereits als Vision, stellt die äußerste Steigerung der in dieser Werkstattgruppe angelegten Möglichkeiten dar und zugleich die konsequente anschauliche Verwirklichung zweier wichtiger Gedanken der theologischen Spekulation des Frühen Mittelalters: der Einheit von Altem und Neuem Testament, der Einheit der vier Evangelien als vierfacher Erscheinungsform des Weltlogos = Christus.

114 DAS APOKALYPTISCHE WEIB. Apokalypse. Trier (?). Um 1020. Bamberg, Staatsbibliothek Cod. Bibl. 140, Fol. 29v. Die Bamberger Apokalypse zeigt in ihrem Formenkanon als Spätwerk der Gruppe deutliche Spuren von Erstarrung, sichtbar zumal in der zunehmenden Härte und Flächigkeit. Das Repertoire dieses (nach karolingischen Vorläufern) ersten großen Apokalypsenzyklus des Nordens ist u. a. spanischen Beatus-Apokalypsen (vgl. Abb. 145) verwandt.

OTTONISCHE PLASTIK UND SKULPTUR

In ottonischer Zeit ist *Elfenbeinskulptur* nicht mehr so wichtig wie vorher, vielleicht weil die hier gebundenen plastischen Möglichkeiten der Epoche nun größere Aufgaben fanden, vielleicht weil die Elfenbeinskulptur den Wegen der Miniaturmalerei nun nicht mehr folgen konnte und weder ihre malerische noch ihre zeichnerische Tendenz sich so unmittelbar in kleine Reliefs verwandeln ließ wie die plastischen Gestalten der karolingischen Werkstätten. Jedenfalls sind im allgemeinen *ottonische Reliefs* sehr viel flacher, zeichnerischer als die karolingischen. Allerdings gibt es herausragende Werke, die zeigen, daß in diesem Bereich die Tendenz nicht mehr einheitlich ist. Dem *Gregoriusmeister* wird ein *Bild des schreibenden Gregor* (Abb. 123) zugeschrieben, das sich in Wien befindet und in *Trier* entstand. Klar in den Konturen, ohne nennenswerte Komplikationen, flach (zweischichtig), zeigt es den inspirierten Schreibenden an der Arbeit, und drei weitere Schreiber darunter. Architekturen, Leuchter, Vorhänge entsprechen Trier-Echternacher Gewohnheit, obgleich die Details hinter den raffinierteren Bildungen der Miniaturmalerei zurückstehen.

Ein *Echternacher Elfenbeinrelief* zeigt anderes: Im engen Hochformat der Bogennische und der Säulenstellung unter dem Giebel haben die Gestalten des Moses, der die Gesetzestafeln empfängt, des zweifelnden *Thomas und Christi* (Abb. 125), der auf erhöhtem Sockel steht, nach der Seite keinen Spielraum. Daher entfalten sich die Figuren nach oben und unten, wobei in Kapitellhöhe die entscheidende Handlung sich vollzieht. Diese derart in eine bestimmte Richtung gezwungenen Gestalten sind dennoch weder sonderlich überlängt noch stärker abstrahiert. Vielmehr zeigt ihre bedrängende Umrahmung nur um so deutlicher die plastische Intensität von Gestalt und Gewand, ja den Realismus in manchen Details, des Greifens, des Stehens, des Emporblickens: eine schmale und enge Grenze und Körper, die in bedrängender Fülle an ihr als an einer Leitlinie entlanggleiten. Von hier aus führen Entwicklungen zu anderen Elfenbeinarbeiten, auch zur romanischen Plastik.

Der individuelle Stil dieses Meisters, der in Trier tätig war, ist unverkennbar auch in einigen anderen Werken, so einem in Berlin befindlichen *Buchdeckel* (Abb. 124) und im Deckelrelief des *Codex Aureus von Echternach* (Abb. 126).

Die *ottonische Goldschmiedekunst* ist ein besonderes Kapitel. Man muß in diesem Bereich den einzelnen Materialien eine besondere Stellung einräumen. Bildnerische Traditionen sind hier vielleicht sogar stärker als sonst materialgebunden. Überdies behauptet die Goldschmiedekunst eine besondere Stellung in ottonischer Zeit, insofern sie sich hier stark entfaltet hat und die meisten bedeutenderen Bildwerke vergoldet waren. Aber so häufig Goldenes, Vergoldetes, Goldgefaßtes, Goldumrahmtes in dieser Zeit ist und bei aller Ausgedehntheit des Bedeutungsspektrums „Gold", steht doch meist die Bedeutung des Materials in umgekehrter Proportionalität zum künstlerischen Rang und zur Kühnheit des Gedankens. Es gibt im Bereich der Gold-Kunst weder ein Äquivalent zum Anspielungsreichtum der Evangelistenbilder Ottos III. noch zur physiognomischen Prägnanz des Ringelheimer Kruzifixus. So wichtig

◁ 112 △ 113

diese goldene Bodenvegetation ist, die wesentlichen Ereignisse spielten sich in anderen Bereichen ab.

Die starke Tendenz zu tiefen, schattenfangenden Reliefschichten, plastischer Form, ja architektonischer Raumhaltigkeit der karolingischen Goldschmiedearbeiten zur Zeit Karls des Kahlen wurde oft hervorgehoben. Das hat seine Äquivalente in turonischen Miniaturen und Reimser Elfenbeinarbeiten. In der ottonischen Kunst werden die getriebenen Reliefs flach, raumlos, und sie nähern sich der Zeichnung. Bei vermehrter Produktion ist der Beitrag zur Entwicklung plastischer Formen merklich geringer, auch bleibt die Abhängigkeit von der Buchmalerei und Elfenbeinkunst. Entschiedene Neuerungen finden sich in diesem Bereich ohnehin seltener als sonst. Die Entwicklung plastischer Form hatte bereits andere Möglichkeiten. Die raumlose Flächigkeit ottonischer Goldschmiedearbeiten hat ihre Entsprechung in der Verwendung subtiler *Zellenschmelztechniken* anstelle der massiven Rundungen edler Gesteine. Gemeint ist freilich dasselbe: Die Farben entsprechen den Kristallfarben. Für die feine Flächigkeit der Reliefs sei der *Deckel des Echternacher Codex Aureus* (Abb. 126) genannt, dessen Gold- und Zellenschmelzfelder das elfenbeinerne Relief des Gekreuzigten umrahmen. Der Gegensatz der goldglänzenden Begleitung zum zentralen Relief des starkplastisch und drastisch charakterisierenden Meisters ist bemerkenswert. Verfeinerung, die bis zur Verflüchtigung der Gestalt und ihrer Auflösung in feine, glänzende Lichter geht, und die unwirsche Äußerung einer um Schönheit und Vergeistigung nicht sonderlich bemühten kunstvollen Vierschrötigkeit stehen unvereinigt nebeneinander.

Die *Treibarbeiten* gehören der einzigen deutlich erkennbaren ottonischen Goldschmiedewerkstatt an, die in *Trier* unter Egbert tätig war. Zu ihren Hauptwerken zählt der *Egbertschrein des Trierer Domschatzes* (Abb. 128), ein Reliquiar, das die Reliquie der Sandale des Apostels Andreas enthält. Entsprechend bekrönt eine goldene, edel-

115 LUKAS. Evangeliar aus St. Gereon, Köln. Ende 10. Jh. Köln, Stadtarchiv MS. 312, Fol. 110r. Der „malerische" Stil dieser Werkstatt hat karolingische (Reims, Corbie) und byzantinische Voraussetzungen. Körperproportionen, die Gestaltbildung insgesamt sind dabei nicht weit entfernt von Trierer Bildungen (Egberti-Codex, Gregorius), deren Einfluß hier vorauszusetzen ist. Die Auflösung von Landschaft und Himmel in farbige Streifen entspricht dem auch sonst üblichen Streifengrund, doch ist die Malweise von der etwa des Gregoriusmeisters deutlich unterschieden: locker, skizzenhaft, verwandte Farbtöne so aufeinander abstimmend, daß Farbfleck und Pinselstrich noch kenntlich bleiben.

116 VERKÜNDIGUNG AN MARIA. Hitda-Codex (Evangeliar der Äbtissin Hitda von Meschede). Köln. 1. Viertel 11. Jh. Darmstadt, Hess. Landesbibliothek Cod. 1640, Fol. 20r. Der Hitda-Codex kann als Höhepunkt des Kölner malerischen Stils gelten. Charakteristisch die Entgegensetzung starker Rot-Blau- und Brauntöne, die fast pastosen Weißhöhungen und die Überspielung der Kontraste durch die ungeometrisch freie Bildgliederung, deren wichtigstes Mittel die farbigen und weißen schleierartigen Farbränder sind. Sie vermitteln zugleich zur Umgebung und bilden ausgesonderte Figurenräume. In diesem Bild zeigt der weiße Wolkensaum, daß der Engel aus einer nicht-irdischen Zone in den Raum der Maria eindringt. Er tritt daher auch, den Rahmen überschneidend, von außen ins Bild.

steinverzierte Sandale das Gehäuse. Das entspricht der für Reliquiare allgemein charakteristischen Tendenz zur sichtbaren Darstellung des unsichtbar wirkungskräftigen Inhalts. Das war, wie H. Keller nachgewiesen hat, eine der Voraussetzungen der Entstehung mittelalterlicher Plastik, denn eine Reliquie der Sandale des hl. Andreas verweist natürlich nicht nur auf die Sandale, sondern auf die ganze Gestalt des Apostels, für die der Rest seiner Fußbekleidung auch nur ein „pars pro toto" ist, ein Teil, der für das Ganze eintritt. Gleichwohl neigt das *Reliquiar*, worauf Schrade hinwies, im allgemeinen zur Nachbildung des Details, nicht zur ganzen Gestalt. Zu der Gruppe des Egbertschreins gehören noch einige andere *ottonische Reliquiare*: ein *Nagelreliquiar in Trier* und die Umhüllung für die *Reliquie des Petrusstabes im Limburger Dom*.

Außer Reliquiaren und Buchdeckeln, in denen jeweils Besonderheiten der Aufgabe deutlich werden, hatte die Goldschmiedekunst noch andere Aufgabenbereiche, die zum Teil an die der Monumentalplastik grenzen. Dafür kann als Hauptwerk das *Basler Antependium* (Abb. 129) gelten, der Altarvorsatz, der heute im Musée de Cluny in Paris sich befindet. Kaiser Heinrich II. stiftete das Werk dem Basler Münster (geweiht 1019). Fünf Arkaden gliedern die Tafel, die mittlere ist überhöht, in ihr steht Christus mit der Weltkugel. Zu seinen Füßen, winzig klein, sieht man in Proskinese die Stifter, Heinrich II. und Kunigunde; daneben in den seitlichen Arkaden die Erzengel Gabriel, Raphael und Michael und rechts der hl. Benedikt. Die klar konturierte, metallische Schärfe der Gestalten gehört zum Material und der Technik, aber sie ist zugleich Kennzeichen eines Stils, der des gehämmerten Metalls durchaus nicht bedarf. Ganz ähnliche metallische Strukturen finden sich auch in der *Liuthargruppe* der Buchmalerei, jedenfalls würde ein Engel der Bamberger Apokalypse in Goldblech gehämmert nicht wesentlich anders aussehen. Das Basler Antependium ist wahrscheinlich in *Fulda* entstanden.

Eine ganze Reihe anderer Werke ist erhalten. Sie reflektieren auf unterschiedliche Weise die in der Buchmalerei und in der Elfenbeinkunst deutlichen Stilmöglichkeiten. Neben Trier sind Werkstätten wie Fulda hervorzuheben, bedenkenswert auch, daß Bischof Bernward von Hildesheim gelernter Goldschmied war.

Für die weitere Entwicklung der Plastik ist die *Goldschmiedekunst* wichtig gewesen als Übersetzerin von Prägungen der Miniaturmalerei in plastische Kunst; den Stilveränderungen folgt sie mit ihrer ottonischen Reduktion auf flächige Formen, an den Tendenzen, die zur Entstehung der Monumentalplastik führten, ist sie beteiligt gemäß ihrer Aufgabenstellung, die sich um die Jahrtausendwende rasch und über ihre Möglichkeiten hinausgehend erweiterte, denn das Kultbild erfordert die ganze Gestalt. Auch die ersten Kultbilder waren *Reliquiare*.

Die Entstehung der *Monumentalskulptur* ist ein Prozeß, der sich über einen längeren Zeitraum hinzog und nicht nur in den Bildkünsten geführt wurde, dort sogar zunächst am wenigsten. Die Frage, ob monumentale Bildwerke wünschenswert oder zu vermeiden waren, war ein theologisches Problem. Es betraf die Möglichkeiten und Grenzen der Kunst, ihre Ziele und ihre Gegenstände und die Rolle des Kultbildes. Die Plastik, die lebensgroße zumal, war von den begründeten Bedenken ungleich stärker

S GA
BR
SCA
MARIA

117 MATTHÄUS. Evangeliar aus Lorsch. Hofschule Karls d. Gr. Um 810. Bukarest, Nationalbibliothek Pag, 26.

118 MATTHÄUS. Gero-Codex. Lorsch (?). Um 975. Darmstadt, Hess. Landesbibliothek MS 1948, Fol. 1v. Vorbild des Gero-Codex war das karolingische Lorscher Evangeliar. Die Gegenüberstellung der beiden Matthäusbilder zeigt, welche karolingischen Elemente nicht mehr verstanden wurden. So gerät die ganze Bildarchitektur aus den Fugen, das Gleichgewicht ist nun verschwunden, bildbeherrschend wird die Gestalt des Matthäus, der Engel wird abgedrängt in die Scheitelzone des Bogens. (Vgl. zu diesem Verhältnis das Johannesbild im Codex Egberti, Abb. 107.)

119 JOHANNES. Evangeliar der Sainte Chapelle in Paris. Trier. Um 980. Paris Bibliothèque Nationale Lat. 8851. An der Konzeption dieses Evangeliars war der Gregoriusmeister beteiligt. Von seiner Hand könnte zumal das Johannesbild sein. Das Evangeliar der Sainte Chapelle ist Vorbild gewesen für die Evangelistenbilder des Echternacher Skriptoriums (vgl. Abb. 120).

120 JOHANNES. Codex Aureus Epternacensis. Echternach. Zwischen 1053 und 1056. Nürnberg, Germ. Nationalmuseum K. G. 1138, Fol. 122v. Die Echternacher Evangeliare sind die aufwendigsten ihres Jahrhunderts. An Erfindungsreichtum bleiben sie indessen hinter den anderen Werkstätten zurück. Ausgiebig wird das Trierer Repertoire benutzt. So sind die Evangelistenbilder sämtlich Varianten des Zyklus der Sainte Chapelle, doch so, daß immer mehrere Bilder zugleich benutzt wurden. Dieser Johannes z. B. hat mit Abb. 119 Gestalt und Haltung und Mobiliar gemeinsam. Der Kopftypus dagegen stammt aus dem Lukasbild, die dreifache Bogenöffnung aus dem Matthäusbild des Trierer Vorbilds. Die Unterschiede im Detail folgen daraus, daß hier bereits eine sekundäre Kompilation vorliegt.

121 JOHANNES. Uta-Codex. Regensburg. 11. Jh. München, Bayer. Staatsbibliothek Clm 13601, Fol. 89v. Charakteristisch für diese Werkstatt die gitterartige Bildgeometrie, in deren Felder die Figuren, Szenen und Schriftornamente so eingesetzt werden, daß ein teppichhaft dichtes, beziehungsreiches Gefüge aus Bildgedanken entsteht.

122 LUKAS. Evangeliar. Köln. Um 1030. Köln, Priesterseminar Cod. 1a, Fol. 122r. In der späteren Phase ottonischer Kölner Malerei verschwindet die „malerische" Landschaft, an ihre Stelle treten zeichenhafte Interieurs und Architekturen. Der abgebildete Bau bedeutet hier Kirche, wie im Gregoriusbild (Abb. 108), zu dessen späteren Ausstrahlungen auch dieses Bild gehört. Wiederum wird für die Gestalt aus der abbildlichen Architektur der bedeutungssteigernde Rahmen ausgesondert, so daß ein Bild im Bild entsteht. In dieses Bild dringt das inspirierende Symbol von außen ein (vgl. Abb. 107), aus dem abgebildeten Kirchenbau kommend, der seinerseits von einem Bildrahmen umgeben ist. Interessant, wie dabei mit Überschneidungen gespielt wurde, so daß der Stier sich in völlig absurder Manier durch die Architekturteile hindurchwindet.

123 INSPIRATION GREGORS DES GROSSEN. Buchdeckel. Trier (?). Ende 10. Jh. Wien, Kunsthistorisches Museum. 20,5×12,5 cm. Elfenbein. Das Motiv des „Neugierigen" fehlt hier, auch ist Gregor nicht nur diktierend, sondern selber als Schreiber dargestellt.

124 MAJESTAS DOMINI. Buchdeckel. Trier. Spätes 10. Jh. Berlin, Staatl. Museen. 21 × 12,4 cm. Elfenbein. Ungewöhnlicher, starkplastischer und „expressiver" Stil eines bedeutenden Meisters, für den in dieser Zeit die anderen Kunstgattungen ebensowenig Vergleichsbeispiele bieten wie die Elfenbeinkunst selber. Die Bildgliederung gibt freilich Anhaltspunkte: Zur Form der Mandorla vgl. Abb. 59, die ungewöhnlich drastische Darstellung der Inspiration des Evangelisten hat ebenfalls in Tours (Abb. 61, 63) Präzedenzfälle.

125 CHRISTUS UND DER UNGLÄUBIGE THOMAS. Trier. Ende 10. Jh. Berlin, Staatl. Museen. 24×10 cm. Elfenbein. Die Tafel, zu der eine andere mit der Übergabe der Gesetzestafeln an Moses gehört, gilt als Werk des gleichen Meisters wie Abb. 124. Dieselbe Gesichtsbildung und plastische Vergrößerung der Gliedmaßen. Unvergleichlich die Kühnheit der Einfügung der Gestalten in den hohen steilen Bogen und die darin sich dennoch behauptende plastische Intensität.

△ 117 ▽ 119 △ 118 ▽ 120

△ 123 ▽ 124 125 ▷

betroffen als andere Künste. Nirgends war die Gefahr der Idolatrie stärker, die Neigung, das Bild als identisch zu betrachten mit seinem Gegenstand und so das Bild zu verehren als Träger magischer Kräfte. Die Diskussion wurde seit dem byzantinischen *Bilderstreit* und der karolingischen Stellungnahme in den *Libri Carolini* weitergeführt mit wechselnden Argumenten zwar, aber bei einhelliger Übereinstimmung in der Abwehr der *Idolatrie*. Die Entstehung der monumentalen Skulptur war unter diesen Bedingungen sehr erschwert. Es fehlte nicht die Fähigkeit, monumentale Bildwerke herzustellen. Zu keinem Zeitpunkt in dem hier behandelten Zeitraum hätten die Künstler nennenswerte Schwierigkeiten gehabt, Bildwerke von größerem Format zu realisieren. Auch schwierigere Techniken, wie der *Bronzeguß*, standen jederzeit bei Bedarf zur Verfügung. Die Bereitschaft war also vorhanden; es fehlte die Aufgabe.

Um die Jahrtausendwende hatten sich die Bedingungen der Kunst verändert. Mit der sichtbaren Vermehrung der Themen, der Ausbreitung der Werkstattnetze scheint allgemein eine Vermehrung auch ihrer Aufgaben stattgefunden zu haben. Jedenfalls war aus verschiedenen Gründen, die zusammenwirkten, das Bedürfnis nach monumentaler Vergegenwärtigung der heiligen Gestalten stärker als die zuvor gültigen Bedenken. Auslösende Faktoren waren Wunderglaube und Reliquienkult, primitive Formen der Religiosität, magische Vorstellungen. Allgemein verbreitet war besonders der *Reliquienkult*, den ein schwunghafter *Reliquienhandel* begleitete, und da das Angebot der Nachfrage nicht genügte, die Reliquienfälschung. Der Wunderglaube andrerseits hat seinen Anteil an der Vermehrung der Bildthemen, denn in den großen Bildzyklen zum Neuen Testament dominieren die in den Evangelien berichteten Wunder Christi. Beides gehört zusammen. *Reliquien* waren heilige Gegenstände, mit magischen Kräften ausgestattet, verehrungswürdig und wundertätig. Die frühen monumentalen Bildwerke enthielten die Reliquien der dargestellten Person, waren Reliquienbehälter, das Bildwerk galt als mit den Kräften der Reliquie ausgestattet, die es enthielt. Von der vielleicht frühesten monumentalen Figur, einer Muttergottesstatue, die im dritten Viertel des 10. Jh. in Clermont-Ferrand aufgestellt wurde, wissen wir nur aus literarischen Quellen und einer Nachzeichnung des 11. Jh. Die früheste erhaltene ist die *Fidesstatue in Conques* (Abb. 130); etwas später, um die Jahrtausendwende, entstand die *Essener Madonna* (Abb. 131). Beide Werke zeigen wenig von den künstlerischen Möglichkeiten ihrer Zeit, sind weit entfernt von den Leistungen der Elfenbeinkunst und der Buchmalerei. Es handelt sich um goldglänzende, juwelenüberhäufte, starrblickende und kunstlose Gebilde, um Idole, die genau das verkörpern, was kluge Theologen, die mit den Bedürfnissen ihrer Zeitgenossen vertraut waren, als verabscheuungswürdig erkannt hatten. Immerhin, die Heilige und die Madonna, so fetischhaft sie wirken, zeigen auf unterschiedliche Weise das Streben nach subtileren Wirkungen. Der Materialreiz dominiert zwar, aber die Fides trägt ein antikisches Gesicht – es ist ihr eingesetzt worden, denn es handelt sich um eine spätantike Goldmaske –, und in der Essener Madonna ist die Anstrengung erkennbar, die auf die Fältelung des Gewandes verwendet wurde; beide aber zeigen nur geringe Kenntnis der raffinierten Bildungen anderer Künste.

IHNAZAREN
TERRA

CIPIS
FIDES
VADE

Wenn jetzt die ganze Gestalt erstrebt wird, sei es auch zunächst nur als gestalthafter Behälter, dann zeigt sich jedoch darin, daß in die magischen Vorstellungsbereiche eben diejenigen Tendenzen einströmen, die sich seit karolingischer Zeit bemerkbar machten und keine Aufgaben fanden, denn die Verhinderung monumentaler Plastik bedeutete zugleich eine Blockierung künstlerischer Antriebe, die nun, nach hinreichender Lockerung der Vorschriften und der ersten Realisierung von Kultbildern, sich befreien konnten. Die lange verhinderte Aufgabe, das Bild Christi und der Maria, war nun gestellt. Jetzt wurden auch die Künstler herangezogen. Zentrum künstlerischer Intensität war freilich zunächst weder das Heiligenbild noch die Madonnenstatue, obgleich von nun an beide Themenbereiche sich rasch entfalteten, sondern das Bild Christi, und zumal das Bild des Gekreuzigten.
Unter den frühen *Kruzifixen* ist das *Gerokreuz* (nach vorangegangenen Werken, die aus literarischen Quellen bekannt sind) das früheste bekannte. Hier wurden, wie es scheint, von vornherein alle künstlerischen Möglichkeiten eingesetzt. Für die Entstehung der europäischen Großplastik sind nicht gestalthafte Reliquienbehälter charakteristisch, sondern die Darstellungen des ersten und wichtigsten Themas christlicher Kunst. Das *Gerokreuz* (Abb. 134, 138) ist nur eines unter mehreren, zufällig blieb es erhalten. An Intensität des Ausdrucks und Prägnanz der Form übertrifft es die meisten Werke dieser

126 BUCHDECKEL. Codex Aureus Epternacensis. Trier 983–991. Nürnberg, Germ. Nationalmuseum K. G. 1138. Elfenbein, Goldblech, Zellenschmelz, Edelsteine, Perlen. Im Elfenbeinrelief Christus am Kreuz (vgl. die ottonischen Kruzifixe Abb. 134–139), mit Longinus und Stephaton. Unten, atlantenhaft, Terra, die Personifikation der Erde (vgl. Abb. 105, zum Atlantenmotiv auch Abb. 51). Oben Sol und Luna, den Tod Christi beweinend. Eingefügt in diesen kosmologischen Kontext, „aufragend zwischen Erde und Gestirnssphäre", das Kreuz. Das starkplastische Relief dieses vielleicht bedeutendsten ottonischen Elfenbeinschnitzers (ihm zugeschrieben auch Abb. 123 u. 125) kontrastiert zu der flächigen und goldglänzenden Umgebung der (stark zerstörten) Goldreliefs und der farbigen Rahmenornamente in Zellenschmelz. In den Goldreliefs u. a. dargestellt: Die vier Paradiesflüsse und die Evangelistensymbole (Hinweise erstens auf das zugehörige Buch: Der Deckel gehörte ursprünglich zum Evangeliar der Sainte Chapelle, vgl. Abb. 119, dann, bereits im 11 Jh., zum Codex Aureus Epternacensis, vgl. Abb. 120; zweitens setzen diese Motive den kosmologischen Kontext fort als „Himmelsmotive", jenseits der Gestirnssphäre. (Vgl. dazu auch Abb. 86 mit identischer Rahmenbedeutung bei gegensätzlicher Rahmengestalt.) Sodann sind Heilige dargestellt: Maria, Willibrord, Petrus, Bonifazius, Benedikt, Liudger. Unten Kaiserin Theophanu und Kaiser Otto III. (Daraus folgt die Datierung.)

127 AUFERWECKUNG DER TOCHTER DES JAIRUS (Detail). Fresko. 2. Hälfte 10. Jh. Reichenau-Oberzell, St. Georg, Langhaus. Die frühmittelalterliche Freskomalerei erreicht hier den bildnerischen Rang der Miniaturen. Verwandtschaft der bildnerischen Prinzipien etwa mit denen des Codex Egberti, die bestimmende Rolle von Blick und Gebärde in der Bilderzählung verweisen auf gemeinsamen „ottonischen" Stil. Nicht aber ist die Existenz bedeutender Fresken ein Beweis für eine Reichenauer Werkstatt der Buchmalerei. Die Entwicklungen beider Gattungen liefen weitgehend getrennt voneinander. Die Reichenauer Fresken beziehen sich auf eine ursprünglich sehr dichte Tradition alpenländischer Freskomalerei, wie sie ein Jahrhundert zuvor etwa Müstair (Abb. 76) zeigt.

Zeit. Es stellt den toten, nur vom Kreuz gehaltenen Christus dar, der Körper gleitet zur Seite, das Gewicht hängt an den straff gespannten Armen. Der Kopf ist leicht vornübergesunken, die Augen geschlossen. Die Modellierung folgt den nicht-naturalistischen Gestaltungsschemata dieser Zeit, denn nicht auf naturalistische Anatomie kam es hier an, sondern auf die Darstellung von Haltung und Gebärde. In ihrer unvergleichlichen Prägnanz zeigt sich hier im übrigen genaue Beobachtung. Der Ausdruck kulminiert im Gesicht (Abb. 138); es ist ernst, einsam, in sich versunken und finster, in der erstarrten Maske spiegeln sich Resignation, ja Verachtung. Mit diesem Werk eines Meisters, der seiner künstlerischen Mittel sicher war, beginnt mittelalterliche Monumentalskulptur, nicht mit den idolhaften Behältern in Essen und Conques.
Einige Jahrzehnte später entstand das *Kruzifix in Ringelheim* (Abb. 135, 139), ein Werk der Bernwardinischen Skulptur, vielleicht ein Höhepunkt ottonischer Kunst überhaupt. Es mag der erzählerischen, der genau charakterisierenden Gebärdensprache der Bronzereliefs und ihrer physiognomischen Prägnanz entsprechen, doch hat dieses Gesicht dort kein Äquivalent. Man sieht nicht das Antlitz eines Sterbenden, sondern ein resignierend betrachtendes, durchschauendes, skeptisch, ja verachtend die Mundwinkel herabziehendes großformiges Gesicht. Der Ausdruck von Nachdenklichkeit, Trauer und Skepsis überwiegt.

Die beiden anderen bernwardinischen Kruzifixe, das *Ringelheimer Kupferkreuz* (Abb. 136) und das *Silberkruzifix in Hildesheim* (Abb. 137), Werke von kleinem Format, zeigen mit ihren bemerkenswerten Unterschieden, über welche Skala menschlichen Ausdrucksvermögens diese Werkstatt verfügte, obgleich die Körperstellung in beiden Werken verwandt ist: Bei weichmodellierter Oberfläche sind die markanten Sehnen und Stränge stark betont, der Knochenbau ist abstrahierend angedeutet, hinter der weichen Rundung der Oberfläche verbirgt sich eine eher geometrische als organische Struktur, die freilich, wie die Bilder zeigen, mit ihren Gelenken und Strängen geeignet sind, Haltung und Gebärde genau darzustellen. Die Unterschiede bei verwandter Körperbildung zeigen deutlich den Spielraum: stehend, aufgerichtet, mehr die Arme ausbreitend als an ihnen hängend der Ringelheimer; vornübergesunken, hängend, in sich zusammenfallend der Hildesheimer. Bärtig, vierschrötig, etwas bäurisch der Hildesheimer Christus, der mit aufgerissenen Augen vor sich hinblickt; fast elegant das Gesicht des jugendlichen Christus von Ringelheim, der die Augen geschlossen hat, entrückt, in sich versunken. Haltung und Gesicht sind aufeinander abgestimmt. Realismus und Idealität waren gleicherweise möglich, auch war das Christusbild nicht auf einen bestimmten Typ beschränkt. Von den starr zielenden Blicken weitaufgerissener Augen etwa der „Reichenauer Malerei“, den Reduktionen auf wenige suggestive Zeichen, die, weit entfernt von aller Beobachtung der Realität, ihr eigentliches Revier in der Darstellung des Nichtrealen haben, sei es der theologischen Kombination oder der jenseits aller Erfahrung liegenden Heilsbegriffe, ist dies weit entfernt. Physiognomische Charakterisierung ist dort nicht das Ziel der Darstellung, hier aber ist ihre Prägnanz offenkundig.

Nichts entsteht unvermittelt, diese vier Kreuze, zu denen noch einige andere gehören, haben ihre Voraussetzungen, diese Kunst wurde erlernt, obgleich die Steigerung zu höchster Intensität individuelle Leistung ist. Es muß vor dem Gerokreuz vergleichbare Werke gegeben haben, und zwischen Gerokreuz und Ringelheimer Holzkreuz muß eine Tradition der Bildschnitzerei, intensive künstlerische Erfahrung bestanden haben. Davon ist nichts bekannt, nichts erhalten. Die Verweise auf Kreuzigungsdarstellungen in der Miniaturmalerei, dem Fresko, reichen nicht aus, dort waren die künstlerischen Ziele anders. Antike Tradition fällt hier ebenso aus wie byzantinische. Die Elfenbeinschnitzerei sicherte zwar den Traditionszusammenhang der Skulptur, wirkte als Brücke; aber auch hier findet sich in ottonischer Zeit nichts Vergleichliches, und die karolingische Kunst bietet für diese Prägungen keine Voraussetzungen.

Die Überlieferung ist also sehr lückenhaft. Die Reste verweisen auf verschollene Zusammenhänge.

Das *Ringelheimer Kupferkreuz* (Abb. 136) und der *Hildesheimer Silberkruzifixus* (Abb. 137) gehören ihrem Format nach in einen ganz anderen Bereich, zur „Kleinkunst", zum Kunstgewerbe, zur *Goldschmiedekunst.* Dort wurden Kruzifixe dieses Formats seit langem hergestellt, als Treibarbeiten, aber auch in Bronze, Gold und Kupfer gegossen. Zu diesen Arbeiten besteht nur geringe Verwandtschaft. Die allgemeineren Eigenschaften der Körperstruktur – die geometrisierte Anatomie mit der schildförmig zusammengeschlossenen Schulter-Brust-Partie, die zugleich die Vermittlung zu den Armen wie den Sockel für Hals und Kopf liefert, entsprechen freilich der „ottonischen" Grundlage der plastischen Struktur, die aus einer Abstraktion karolingischer Körperbildungen folgt.

Die beiden kleinen Kurzifixe gehören wie das große Ringelheimer Kreuz zur Werkstatt des *Bernward von Hildesheim.* Bernward war als Politiker, Erzieher des jungen Kaisers Otto III., als Berater der Mutter Theophanu und Kämpfer gegen ihre Gegner einflußreich und berühmt. Er galt als einer der tatkräftigsten und gedankenreichsten Männer seiner Zeit. Auch war er, wie sein Biograph berichtet, in allen Wissenschaften und Künsten, den Bildkünsten, erfahren. Zu diesen Künsten gehörte die Miniaturmalerei wahrscheinlich nicht, wohl aber die Plastik und die Technik des Bronzegusses, und seine Leistung als Bauherr steht dem nicht nach.

Dieser erfindungsreiche Mann hatte dank seiner einflußreichen Stellung auch die Möglichkeit, seine Pläne zu realisieren. Seine Werkstatt wurde jedenfalls ein Kunstzentrum ersten Ranges. Eine Reihe von Werken sind erhalten: Im Jahr 1015 war die große *Hildesheimer Bronzetür* (Abb. 140, 141) vollendet und wurde in das Portal der Michaelskirche von Hildesheim eingesetzt.

Je acht breitformatige Szenen stehen auf der *Hildesheimer Bronzetür* einander gegenüber, die linke Bildfolge zeigt Genesisszenen bis zum Brudermord, die rechte Bildfolge, unten beginnend, stellt Christusszenen dar von der Verkündigung an Maria bis zum „Noli me tangere". Das Thema der Tür ist also „Sünde und Erlösung", dargestellt als Entsprechung zweier Bilderzählungen.

Das erzählerische Ziel, der szenische Zusammenhang bestimmt die Form. Man kann Entsprechungen in der Miniaturmalerei finden. Hier kommt als verwandt weniger die ottonische Buchmalerei in Frage, zu deren erzählerischen Tendenzen diese Tür freilich gehört, als vielmehr karolingische Verwandte aus der Werkstatt von Tours (z. B. Genesisszenen der Grandvalbibel, Abb. 62).

Die Bilder sind erzählerisch. Sie erzählen Geschichten, und alle künstlerische Intensität richtet sich darauf, die Situation, das Agieren der beteiligten Personen, so anschaulich wie möglich darzustellen. Die szenischen Bilder, ihre Ordnung, die Taten und Leiden der Gestalten, ihre Gebärdensprache und ihre Abstände voneinander folgen genauer Regie. Die Figuren, zumal in den Genesisszenen sind es ja nie mehr als drei, lösen sich in starker körperlicher Rundung vom Reliefgrund, dem in flacher Modellierung die Hintergründe aufgeblendet sind: Angaben des Orts, Pflanzen, Architekturen. Das Relief ist also mehrschichtig, der Hintergrund meint freien Raum, und nach vorn ist das Relief offen (das heißt, man kann keine Glasplatte darauflegen, die dann eine vordere Reliefschicht repräsentieren würde). Die Köpfe sind fast freiplastisch.

Diesem singulären Meisterwerk folgten andere bedeutende Arbeiten verwandter Tendenz. Die *Bernwardsäule* (Abb. 142) ist eine gußtechnische Leistung wie die Türflügel, auch sie ist als Ganzes gegossen. Wie die Türen erneuert sie eine ältere Tradition, freilich ohne, wie die Bronzetür, am Beginn einer neuen zu stehen. Vorbild und Anlaß waren die *römischen Kaisersäulen*, deren kontinuierliche, spiralig am Schaft aufsteigende Bildfolge die Taten des Herrschers schildert (vgl. Bd. III, Abb. 57). Auch in Byzanz wurde Ähnliches geschaffen. Das Bernwardinische Säulenmonument gilt Christus und stellt in entsprechender Form seine Taten und Leiden dar, ursprünglich gipfelnd in einem Kapitell und in einem großen Kreuz. Der Reliefstil ist hier anders: schärfer, kantiger, ohne die gleitenden Modulationen der Bronzetür und wesentlich flacher; auch ist die Bildfolge gedrängter, von geringerer Raumhaltigkeit und konventioneller in den typischen Haltungen und Gebärden.

Das sind die Hauptwerke. Dazu gehören eine ganze Reihe anderer, besonders der große *Hildesheimer Bronzeleuchter*, die *Elfenbeinarbeiten*. Die Werkstatt des Bischofs Bernward war vielseitig und auf der Höhe ihrer Zeit. Ihr Zentrum war allerdings die Plastik, der *Bronzeguß*. Man muß bedenken, welche Steigerung der Anstrengung es bedeutet, wenn statt der üblichen kleinformatigen Güsse, die einfach sind, oft auch kunstlos, nun schwierige Aufgaben von größtem Format bewältigt werden, deren künstlerischer Rang der technischen Leistung entspricht, auch wenn, was anzunehmen ist, beides aus artistischen Traditionen folgt, die verschollen sind.

Die Hildesheimer Tür hat eine reichhaltige Nachfolge, sie eröffnet die große Reihe der *Bronzetüren*, die schließlich mit Ghibertis Paradiestür am Baptisterium von Florenz kulminiert.

Die *Augsburger Domtür* (Abb. 143), um 1020 entstanden, ist aus einzelnen Bronzeplatten zusammengefügt. Gestalten des Alten und Neuen Testaments und Kirchenallegorien waren einander zugeordnet. Spätere Veränderungen und Ergänzungen störten den Zusammenhang. Die Gestalten bewegen sich in flachem Relief vor ebenem Grund, genau konturiert und mit deutlichen Anklängen an antike Formulierungen des Verhältnisses von Gewand und durchscheinendem Körper.

128 EGBERT-SCHREIN. Reliquiar. Trier 977–993. Trier, Domschatz. Gold, Zellenschmelz, Edelsteine. Der prunkvolle Kasten enthält Reliquien vom Fuß des hl. Andreas, daher außen die Abbildung des Fußes.

129 BASLER ANTEPENDIUM (Detail). Aus dem Basler Münster. Mainz oder Fulda. Um 1019. Paris, Musée Cluny. Höhe der Figuren: 63,5 cm. Goldblech getrieben. Dargestellt in der Mitteltafel: Christus mit Kaiser Heinrich II. und Kaiserin Kunigunde in Proskinese zu Füßen Christi. Daneben die Erzengel Michael, Gabriel, Raphael sowie der hl. Benedikt. Das Format der Tafel stellt eine äußerste Steigerung des in dieser Zeit in der Goldschmiedekunst Möglichen dar: deutliche Tendenz zur monumentalen plastischen Form.

130 HL. FIDES. Letztes Viertel 10. Jh. Conques, Klosterschatz. Höhe: 85 cm. Goldblech über Holzkern und Edelsteine, Maske antik. Früheste erhaltene Monumentalfigur frühmittelalterlicher Kunst.

131 MADONNA. Köln. Um 1000. Essen, Münsterschatz. Höhe: 74 cm. Holzkern, Goldblech, Email, Juwelen. (Vgl. Abb. 130.) Eines der frühesten, doch provinziellen Beispiele der mittelalterlichen Monumentalskulptur.

132 MADONNA. Detail der Bronzetür. 11. Jh. Verona, S. Zeno. (Ergänzendes Vergleichsbeispiel zu Abb. 130, 131.)

133 EVA. Detail der Bronzetür. Hildesheim. Vor 1015. Hildesheim. Dom (vgl. 140, 141).

134 KRUZIFIX DES ERZBISCHOFS GERO. Um 970. Köln, Dom. Höhe: 1,87 m. Eichenholz. Frühestes bekanntes Werk ottonischer Monumentalskulptur. Die Intensität des Ausdrucks im Gesicht des Gekreuzigten hat in dieser Zeit nirgends Entsprechungen, weshalb früher eine spätere Datierung (Ende 11. Jh.) angenommen wurde. Aus neueren Forschungen, die alter Kölner Tradition recht geben, geht unzweifelhaft hervor, daß es sich hier um das Kruzifix handelt, das Gero, der 969–971 Erzbischof von Köln war, anfertigen ließ.

135 RINGELHEIMER KRUZIFIX. Um 1000. Ringelheim, Pfarrkirche. Höhe: 1,62 m. Lindenholz. Die Datierung dieses bedeutendsten Werkes ottonischer Monumentalskulptur ist gesichert durch eine im Reliquienfach gefundene Urkunde, die den Zusammenhang mit Bernward von Hildesheim unzweifelhaft erweist. Christus ist hier nicht als Toter dargestellt, sondern blickt mit dem Ausdruck von Trauer und Resignation durchschauend auf den Betrachter herab.

136 KUPFERKRUZIFIX VON RINGELHEIM. Ringelheim, Pfarrkirche. Kreuz nicht erhalten. Kruzifixusdarstellungen kleinen Formats gehören in den Zusammenhang der zahlreichen Kreuzigungsdarstellungen der Buchmalerei, der Elfenbeinkunst. Dort finden sich ihre Verwandtschaft und Voraussetzungen.

137 SILBERKRUZIFIXUS VON HILDESHEIM. Um 1007/1008. Hildesheim, Domschatz. Höhe des Corpus: 12,8 cm. Silberguß. Die Gestalt ist in Haltung und Gebärde dem Ringelheimer Kupferkruzifixus (Abb. 136) gegensätzlich. Statt des freien aufgerichteten „Stehens" ein Hängen und Herabsinken.

138 KOPF DES GEROKREUZES. (Vgl. Abb. 134.)

139 KOPF DES RINGELHEIMER KRUZIFIXUS. (Vgl. Abb. 135.)

140 KAIN UND ABEL. Detail der Bronzetür. Hildesheim. Vor 1015. Hildesheim, Dom.

141 CHRISTUS UND MAGDALENA. Detail der Bronzetür. Hildesheim. Vor 1015. Hildesheim, Dom. Hauptwerk der Bronzewerkstatt unter Bischof Bernward von Hildesheim. Der linke Türflügel stellt Genesisszenen dar, der rechte Szenen aus dem Leben Christi. Der erzählerische Stil hat Voraussetzungen in der karolingischen Buchmalerei (Tours, vgl. Abb. 62), doch ist die szenische Regie prägnanter: so in der Brudermordszene die Dynamik des Schlagens, Stürzens; und dann die Drastik, mit der das schlechte Gewissen Kains gezeigt wird.

142 BERNWARDSÄULE. Um 1020. Hildesheim, Dom. Bronze. Christussäule nach dem Vorbild römischer Säulenmonumente mit szenischen Reliefs in aufsteigender Spirale. Gegenüber den Türen erscheinen die Reliefs härter, schärfer geschnitten.

143 AUGSBURGER DOMTÜR (Detail). Um 1020. Augsburg, Dom. Bronze. Subtile Flachreliefs, fast klassizistisch und der erzählerischen Drastik der Hildesheimer Türen gegensätzlich. Auch handelt es sich hier um Allegorien und Personifikationen, um einen Kontext symbolischer Verweise, der freilich durch spätere Umgruppierung der Figurenfelder zerstört ist.

△ 128

▽ 129

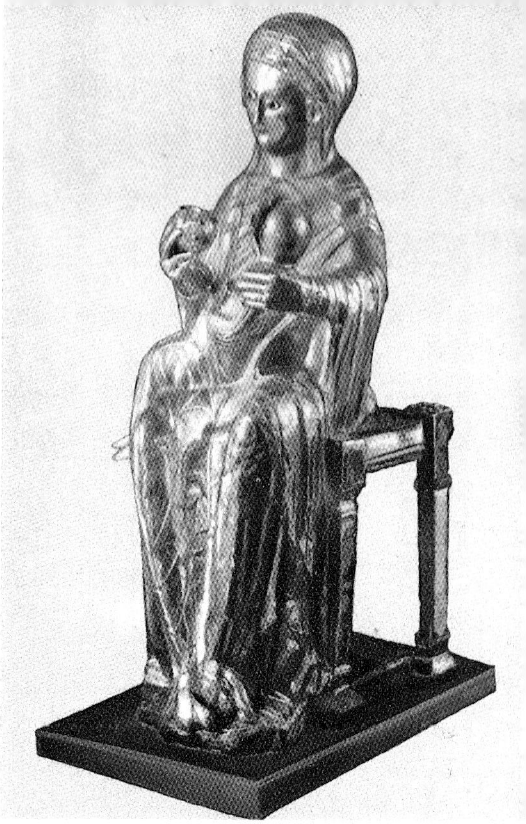

△ 130 ▽ 132 △ 131 ▽ 133

△ 134

▽ 136

△ 135

▽ 137

139

△ 140 ▽ 141 142 ▷

SPANISCHE APOKALYPSEN

Die spanischen Christen wurden unter arabischer Herrschaft, einer toleranten und aufgeklärten, nicht ernstlich behindert. Gleichwohl bestand weder bei ihnen noch im asturischen Königreich, dem von den Arabern nicht eroberten Restgebiet in den Pyrenäen, nennenswerte Neigung, sich mit der überlegenen Kultur der *Araber* ernstlich auseinanderzusetzen oder sie zu assimilieren. Andrerseits waren diese Gebiete von der allgemeinen westeuropäischen Entwicklung abgeschnitten und vom karolingischen Humanismus kaum berührt. Ihre Möglichkeiten waren unter ungünstigen politischen Bedingungen sehr begrenzt. So wurde im wesentlichen die vor-arabische Tradition der Künste wie der Wissenschaften, unberührt von arabischer Gelehrsamkeit, zunächst fortgesetzt. In der *Buchmalerei* scheint etwa das Formenarsenal des *Ashburnham-Pentateuch* (Abb. 2, 3) weiterhin verbindlich gewesen zu sein. Die Entwicklung, die im 10. Jh. und um die Jahrtausendwende kulminiert, ist unter diesen eingeschränkten Bedingungen erstaunlich.

Wichtigste Aufgabe der *spanischen Buchmalerei* war nicht wie im Norden das Evangeliar, sondern die Illustration zur *Apokalypse* (Abb. 144, 145, 148). In diesem Bereich entfalten sich die Künste und Kenntnisse der Spanier am stärksten. Das ist um so merkwürdiger, als Apokalypsenzyklen in dieser Zeit sonst eher selten begegnen, so geläufig und wichtig, ja in hohem Maß stilbildend einzelne apokalyptische Themen zumal in karolingischer Kunst waren (Evangelistensymbole, Lebensbrunnen, Anbetung des Lammes, dann Majestas Domini). Tatsächlich war die Beschäftigung mit den apokalyptischen Themen in dieser Zeit besonders intensiv, und die alten Kommentare wurden um neue Varianten vermehrt; nicht etwa weil „man die Endzeit angebrochen sah", sondern einfach deswegen, weil die apokalyptischen Durchdringungen von Heilsgeschichte und Kosmologie Grundlage des frühmittelalterlichen Weltbildes waren.

Es gibt auch aus dem karolingischen Jahrhundert einige *Apokalypsenzyklen* (insgesamt sind es vier, am bekanntesten die Apokalypsen von Trier und Valenciennes). Sie erreichen nicht die Prägnanz der Einzelbilder, es handelt sich um schwache Reproduktionen älterer Zyklen. Das zeigen in diesen Fällen die deutlichen Schatten früherer Stile. Der ikonographische Beweis ist freilich merklich schwieriger, denn in jedem Fall wurden die Bildzeichen nach den Anweisungen der Kommentare neu kombiniert. Eineinhalb Jahrhunderte später folgt die *Bamberger Apokalypse*, die mit den karolingischen Vorläufern wenig gemeinsam hat. Dazwischen entstehen die spanischen Apokalypsen. Sie unterscheiden sich von den vergleichbaren Werken durch ihre ausgebreitete Fülle von Variationen und den allgemeineren weltbildhaften Charakter vieler Darstellungen. Sie sind reicher an Themen und Anspielungen, auch gelehrter, obgleich die Bilder zunächst einer etwas exotischen Volkskunst anzugehören scheinen wie die spanische Buchmalerei dieser Zeit überhaupt, zu deren bekannteren Werken die beiden *Bibeln zu León* gehören (um 920 und 960).

Die spanischen Apokalypsen folgen dem „Beatuskommentar". *Beatus von Liébana*, ein
143 asturischer Mönch, hatte in der zweiten Hälfte des 8. Jh. (gegen 786) einen umfänglichen

Apokalypsenkommentar verfaßt, der alle vorhandenen Elemente der Auslegung der Kirchenväter, auch Einzelheiten des frühmittelalterlichen Weltbildes, zumal des Isidor von Sevilla, miteinander vereinigte. Dem war ein Kommentar zum Buch Daniel angeschlossen.

Diese Beatuskommentare wurden illustriert. Die Bilder bezogen sich wie üblich auf den Text und die allegorische Deutung und das Weltmodell zugleich. Der ursprüngliche Beatuszyklus ist verlorengegangen, aber es existiert eine Kopie des 11. Jh., die aus St. Sever stammt und sich heute in Paris befindet (Bibl. Nat. 8878). Der Beatuskommentar ist Ausgangspunkt der spanischen Apokalypsen.

Die interessantesten Werke entstanden in der zweiten Hälfte des 10. Jh. Zentrum der Produktion war das Kloster *San Salvador de Tavara*, andere Zentren müssen existiert haben, sind aber nicht näher lokalisierbar. Einige Meister sind mit Namen und Titeln sowie interessanten Mitteilungen bekannt (ich zitiere hier und verweise auf die präzise Zusammenfassung Carl Nordenfalks in „Das Frühe Mittelalter").

Was diese Bilder von den andernorts entstandenen früheren und zeitgenössischen trennt, ist ihre Farbigkeit. Sie sind von der sicheren Zeichnung und Farbstimmung der Angelsachsen so unterschieden wie von den gedämpften Kontrasten der Karolinger. Mit der ottonischen Kunst verbindet sie die zeichenhafte Gebärdensprache, aber die

144 Die vier apokalyptischen Reiter. Um 970. Apokalypsenhandschrift Valladolid Fol. 93. Charakteristisch für diese spanische Handschriftengruppe ist die starke, ja bunte Farbigkeit (überwiegend Erdfarben). Der Streifengrund zeigt, daß die Reiter hintereinander zu denken sind. Formelhafte Figurenbildung. Kalligraphische Verflächigung der Gewänder. Die ausgebildeten Zeichen und Formeln (man beachte etwa die Stellung der Zügel) werden schematisch eingesetzt. Sie verweisen auf ältere Tradition. Im Detail bleiben realistische Züge: Die Pferde tragen arabische Sättel.

145 Das apokalyptische Weib und der Drache. 1086. Apokalypsenhandschrift Burgo de Osma Fol. 117 v. Spätes Werk, das sich von der langen Serie seiner Vorläufer kaum unterscheidet: charakteristisch für das lange Beharrungsvermögen der Bildformen spanischer Apokalypsenzyklen. Vgl. die ottonische Variante desselben Themas in der Bamberger Apokalypse (Abb. 114).

146 Johannes. Rouen oder Les Préaux. 11. Jh. London, British Museum Add. MS. 11850, Fol. 138 b. Prunkvoll aufwendige Rahmung mit virtuos verschränkter Akanthusornamentik. Die Haltung des Evangelisten variiert Motive, die für Tours charakteristisch waren (vgl. Abb. 62, 63).

147 Markus. Evangeliar. Nordfranzösisch (Corbie?). Nach 1050. Amiens, Bibliothèque Communale MS. 24, Fol. 53. Hauptwerk anglo-fränkischer Buchmalerei. Dieser kühne und präzise, virtuose Stil ist eines der für die weitere Kunstentwicklung wichtigsten Resultate frühmittelalterlicher Formdestillationen, er bildet eines der Formenarsenale französischer romanischer Skulptur. Die Präzision der Zeichnung dieses Werkes hat im Frühen Mittelalter nicht ihresgleichen. Auch zeigt sich hier ein ungewöhnlich freies Phantasieren über die vorgegebenen Motive. Sonderbar, fast grotesk, der Löwe, der mit einem Salto aus dem Bogen herauswirbelt und den Lauschenden inspiriert. Die räumliche Wirkung dieses Motivs wird noch übertroffen von dem Vorhang, der sich (völlig sinnwidrig) um den Bogen schlingt. Bei aller neuartigen, freien Virtuosität: Die Elemente dieses Stils lassen sich sämtlich zurückverfolgen auf karolingische und angelsächsische Prinzipien. Am Beginn der Hauptlinie steht das Ebo-Evangeliar.

Equum roseu
et qui sedebat
super eum habe
bat gladium.